날치기
국회사
——史

날치기
국회
史

김예찬 지음

대한민국 국회의 민낯

루아크
RUACH

'날치기 국회사'를 살펴보기에 앞서

대한민국은 민주공화국이다. 대한민국 주권은 국민에게 있고, 모든 권력은 국민으로부터 나온다. 국민으로부터 나온 국가권력은 크게 입법권, 행정권, 사법권으로 나뉘는데, 헌법에 따라 입법권은 국회에, 행정권은 대통령을 수반으로 하는 정부에, 사법권은 법관으로 구성된 법원에 속한다. 국회, 대통령, 법원은 이처럼 헌법에 따라 설치되고 운영되는 대표적 헌법기관이다. 국회를 구성하는 국회의원과 대통령은 국민들이 선출하며, 법원의 장은 국회의 동의를 얻어 대통령이 임명한다. 국회는 법률을 만들고, 대통령과 정부는 그 법률에 따라 국가를 통치하며, 법원은 법률에 어긋나는 일을 재판한다. 입법권, 행정권, 사법권은 대등한 권력이지만 입법을 통해 행정과 사법이 가능하다는 점에서 국회는 민주공화국 성립에 가장 중요한 역할을 하는 기관이라 볼 수 있다. 실제 세계사 속에서 민주공화국이 탄생하는 과정을 살펴보면 의회를 구성해 헌법을 제정하는 것으로 시작한다.

헌법기관인 국회의 기능과 지위는 복합적이다. 국회의원은 국민이 선출한 대표자이기에 그들이 모이는 국회는 당연히 국민을 대표하는 대의기관이 된다. 국회는 입법기관으로서 국가를 운영하기 위한 법률을 제정하지만, 한국의 경우에는 국회가 입법 기능을 독점하지는 않는다. 정부도 법률안 제출 권한을 가지고 있기 때문이다. 또 국회는 국정을 통제하는 기관으로서 행정부와 사법부가 국정 수행을 제대로 하고 있는지 감시하고 견제한다. 이처럼 다양한 역할을 담당하는 국회의 주요한 특징은 합의체로서 의사결정을 한다는 점이다. 여기에는 의사결정을 할 때 독선과 독단에 빠지지 않아야 하고, 민주적 토론과 협상을 거쳐야 한다는 정신이 담겨 있다.

국회가 다양한 역할과 기능을 담당하는 것처럼 국회의원도 여러 활동을 한다. 지역 대표이기에 지역구를 돌봐야 하는 것은 물론이고, 외교나 국방, 정책 연구 같은 다양한 분야에도 관심을 가져야 한다. 따라서 국회의원은 사시사철 국회에만 모여 있을 수 없다. 그래서 법안을 토론하고 결정하는 회기를 따로 정해두는 것이다. 회기는 보통 법에 따라 매년 9월 열리는 정기국회와 대통령 또는 국회 재적 의원 4분의 1 이상의 요구에 따라 열리는 임시국회로 나뉘는데, 법률에 따라 정기국회 회기는 100일을, 임시국회 회기는 30일을 초과할 수 없다.

정기국회나 임시국회가 시작되면 국회의원이나 국회의 각 위원회, 정부는 법률안을 제출한다. 이를 '법안을 발의했다'라고 표현한다. 국회의원이 법안을 발의할 때는 다른 국회의원 10명 이상의 찬성이 필요하며, 정부가 법안을 제출할 때는 국무회의에서 심의를 거쳐야 한다. 이렇게 제출된 법안은 일단 본회의에 보고되며, 법률 내용에 따라

6

소관 상임위원회로 회부되어 심사를 거친다. 각 상임위원회는 회부된 법안을 본회의에 올릴지, 아니면 폐기할지 결정하는데, 상임위원회의 판단에 따라 법안이 수정되어 본회의에 상정되는 경우도 적지 않다. 상임위원회 심사를 거친 법안은 법제사법위원회로 넘어간다. 여기에서는 새 법안이 기존 법안과 충돌하거나 모순되지 않는지, 법률용어로서 적당한지 등을 다시 심사한다. 법제사법위원회의 심사를 거친 법안이 본회의에 상정되면 질의와 토론을 거쳐 표결이 이뤄진다. 표결로 확정된 법안은 정부에 이송되는데, 대통령은 국회에서 의결된 법안을 15일 이내에 공포해야 한다. 간혹 공포하지 않고 거부권을 행사하기도 한다. 2015년 6월 25일, 박근혜 대통령이 국회법 개정안에 거부권을 행사한 사례가 대표적이다. 만약 대통령이 거부권을 행사하면 국회는 재적 의원 과반수의 출석과 출석 의원 3분의 2 이상의 찬성으로 법안을 다시 의결할 수 있는데, 이렇게 의결된 법안은 대통령이 거부할 수 없으며 법률로 확정된다.

법안 처리 과정
법률안 발의 → 본회의 보고 → 소관 위원회 심사 → 법제사법위원회 심사 → 본회의 심의 및 표결 → 대통령의 법률 공포

그런데 모든 법안이 이렇게 정해진 순서대로 진행되는 것은 아니다. 정당 간의 이해관계가 심각하게 갈리는 법안의 경우에는 법안 발의 과정에서부터 위원회 심사 과정 그리고 본회의 심의 및 표결에 이르기까지 끊임없이 갈등이 일어난다. 오랜 권위주의 독재 정권을 거

치면서 대통령의 권력이 국회보다 강했던 한국은 보통 정부와 집권 여당이 제출한 법안을 야당이 반대하며 충돌하는 일이 잦았다. 문제는 여야가 협상을 통해 타협점을 찾지 못할 경우다. 이런 경우 역대 국회에서는 원내 다수 세력이 정상적인 질의나 토론, 표결 절차를 무시하고 변칙으로 법안을 처리해 반발을 사곤 했다.

변칙 처리는 소관 위원회의 심의 과정에서 벌어지는 경우도 있고, 국회 본회의에서 이뤄지는 경우도 있다. 위원회든 본회의든 기본적으로 다수결 원칙을 따르기에 다수파는 최대한 빨리 법안을 통과시키려 하고, 소수파는 각종 방법을 동원해 시간을 지연시키려 한다. 전례를 종합해보면 다수파는 소수파의 지연 전술에 물리력이나 기습 작전으로 대응했고, 소수파는 도저히 법안을 막아낼 수 없는 경우 표결에 불참하는 방법으로 항의했다. 정상적인 절차를 거치지 않는 상황을 '변칙 처리', 소수파가 제외된 상황을 '단독 처리'라 말하는데, 이런 상황을 비판적으로 표현한 말이 바로 '날치기 처리'다.

본래 소매치기 수법을 의미하는 '날치기'라는 단어가 국회의 법안 변칙 처리를 비판하는 용어로 자리매김한 것은 1950년대 중반부터다. 1956년 2월 15일자 〈동아일보〉 기사에 따르면 자유당의 기습 작전으로 통과된 지방자치법 개정안을 두고 민주당 이석기 의원은 "지방자치법 개정안 부칙의 수정안이 야당에 배부되는 도중에 의장은 이를 표결에 부쳤다. 이렇듯 공정성을 잃은 의장의 처사는 '협잡' '날치기' 행위로밖에 볼 수 없다"라고 발언한다. 같은 해 8월, 추경 예산안을 둘러싸고 일어난 논쟁에서 민주당 유옥우 의원은 "자유당이 종래의 예처럼 야반에 '날치기' 식으로 추경 예산안을 통과시킨다면"이라고 발언한다. 이후 여당이 변칙으로 처리한 법안을 '날치기'라고 비판하는 사례가 늘어나는데, 정부 여당에 대한 비판의 자유가 확대된 1990년대에 이르면 '날치기'라는 단어가 본래 뜻보다 국회를 비판하는 의미로 더 많이 사용된다.

재미있는 것은 국회에서 일어난 같은 사건을 두고도 이를 보도하는 언론사의 정치적 입장에 따라 '단독처리' '변칙처리' '날치기 처리' 등 서로 다른 표현을 쓴다는 점이다. 따라서 법안 처리 과정을 두고 날치기냐 아니냐를 말하는 것은 그 위법성 여부보다는 이를 바라보는 정치적 입장에 따라 갈린다고 볼 수 있다. 이 책에서는 국회의 합의체 의결 방식이 가지는 민주적 토론과 합의의 정신을 저버리고 수의 논리를 앞세워 법안을 밀어붙인 사례들을 포괄적으로 '날치기'라 표현했다.

《날치기 국회사》는 70여 년 가까운 헌정사 속에서 일어난 주요 날치기 사건들을 살펴보는 작업이다. 날치기에 대한 사회적 비판 여론을 감수하고 법안 표결을 강행했다는 것은 그만큼 날치기 주체들에게 해당 법안이 가지는 의미가 중대했기 때문일 것이다. 때로는 독재자의 권력을 연장시키기 위해, 때로는 원내 다수 세력의 정치적 이득을 위해, 때로는 이들과 긴밀하게 연결된 기득권 집단을 감싸기 위해 날치기는 강행되었다.

이 책을 읽는 독자들이 '날치기 국회'에 대한 혐오를 넘어 날치기를 통해 누가, 어떤 이익을 얻었는지 똑똑히 살펴봤으면 좋겠다. 국민들이 진정 경계하고 비판해야 할 것은 '날치기 국회'로 대표되는 정치 일반이 아니라, 날치기라는 반민주적 행위를 통해 이득을 챙긴 반민주주의자들이기 때문이다. '반민주주의자'들이 더이상 설 자리가 없도록 막기 위해서는 어떤 정치적 변화가 필요하며, 그 변화를 위해 개개인이 할 수 있는 정치적 실천은 무엇인지 고민하는 데 이 책이 긍정적인 역할을 할 수 있기 바란다.

2016년 3월

김예찬

차례

1장

부산정치파동과 발췌개헌 날치기

제헌국회의 탄생

국회의사당이 여의도에 있다는 것은 대한민국 국민이라면 누구나 아는 상식이다. 텔레비전이나 신문에서 흔히 '여의도 소식'이라는 표현으로 그날 정치권에서 일어난 사건들을 보도할 만큼 여의도는 국회의사당 소재지이자 한국 정치의 중심지라 할 수 있다. 국회의사당만이 아니라 주요 정당의 당사도 여의도에 자리 잡고 있으며, 권력과 밀접한 관계일 수밖에 없는 금융권과 언론사도 한때는 여의도에 몰려 있었다.

그런데 대한민국 정치의 중심지가 처음부터 여의도였던 것은 아니다. 대한민국 국회의 역사는 지금은 사라진 세종로 구 중앙청 건물에서 시작되었다(조선총독부청사는 해방 이후 미군정기에 군정청으로 사용되었는데 이때부터 중앙청이라 불렸다. 중앙청 건물은 김영삼 정권의 '역사 바로 세우기' 프로젝트의 일환으로 1995년 8월 15일 철거되었다). 1948년 5월 31일 개원한 제헌국회는 일제강점기 조선총독부로 사용되던 이 건물을 의사당으로 삼았다. '대한민국'이라는 국호와 헌법 역시 이곳에서 결정되고 공포되었다. 헌법안이 서명되고 공포된 1948년 7월 17일은 오늘날까지 제헌절이라는 이름으로 기념되고 있다.

제헌국회는 헌법 제정이라는 특수한 목적을 위해 구성되었기에 임기가 2년이었다. 2년이라는 짧은 시간 동안 제헌국회는 헌법, 국회법,

정부조직법 등 149건에 달하는 법률을 제정했다. 특히 '반민족행위처벌특별법'을 만든 다음 '반민족행위특별조사위원회'를 설치해 일제 잔재를 청산하려 노력하는 등 건국의 기초를 닦았다. 제헌국회는 1950년 5월 30일 실시된 제2회 국회의원 선거를 통해 2대 국회가 구성되면서 그 임기를 다했다.

한국전쟁으로 피란한 국회, 오욕의 역사를 열다

대한민국 헌정 사상 제2대 국회만큼 파란만장한 수난을 겪은 국회는 없을 것이다. 국회가 개원한 지 채 한 달도 되지 않아 한국전쟁이 발발했기 때문이다. 국회는 긴급회의를 소집해 수도인 서울을 사수하기로 결의했지만, 그 결의가 무색하게 이승만 대통령과 정부가 피란에 나서면서 국회 역시 그 길을 따를 수밖에 없었다. 갑작스런 피란길을 좇아가지 못하고 서울에 남았다가 납북되거나 실종된 의원도 적지 않았다. 북한 인민군의 남진이 계속되면서 임시 수도는 대전에서 대구로, 다시 부산으로 거듭 바뀌었다. 하루가 다르게 급변하는 상황에서 국회는 변변한 회의 장소조차 마련하지 못하고 영화관 같은 곳을 임시 의사당 삼아 회의를 진행하곤 했다. 대전 충남도청, 대구문화극장, 부산문화극장 등이 피란길에 임시 의사당 역할을 한 장소였다.

전쟁 발발 석 달 만에 인천상륙작전이 성공하면서 서울을 수복한 국군을 따라 정부와 국회도 돌아오지만, 얼마 못 가 중공군의 참전으로 전황이 또다시 바뀌면서 1951년 1·4후퇴와 더불어 다시 부산으로 피란한다. 이후 정부가 환도하는 1953년까지 부산은 임시 수도로 기능하는데, 국회는 그 기간 동안 부산 경남도청 내 경찰 훈련장이던 무덕전을 의사당으로 사용한다.

제2대 국회의 수난은 피란에만 그친 게 아니다. 진짜 고난은 그때부터 시작되었다. 전시의 혼란을 틈타 정부 고위 인사들은 부정 축재에 앞장섰고, 군부는 크고 작은 문제들을 계속 일으켰다. 그런데도 이승만은 측근들이 저지른 문제들을 비호하고 나서면서 이를 비판하는 국회를 억누르고 자신의 권력을 강화하려고만 했다. 이승만 정권을 견제하려던 국회의원들은 때로는 총부리 앞에 서기도 했고, 강제 연행을 당하기도 했으며, 헌정 사상 첫 '날치기' 수모를 겪기도 했다. 이처럼 부산에서 국회가 당한 오욕의 역사를 오늘날 사람들은 '부산정치파동'이라는 이름으로 기억한다.

이승만 정권의 거침없는 만행

1951년, 이승만의 정치적 입지는 점점 축소되고 있었다. 제2대 국회는 정당정치가 자리 잡은 지금 기준으로 봤을 때 상당히 독특했다. 국회 총원 210명 가운데 절반이 넘는 126명이 무소속 의원이었기 때문이다. 무소속 의원들은 공화구락부, 무소속구락부라는 이름의 교섭단체를 만들어 활동했다. 또 전체 의원 가운데 이승만을 지지하는 신정동지회 소속 의원 70명을 제외하면 대부분 이승만 정권과 거리를 두었다. 출발부터 이승만에게 불리했던 셈이다. 그뿐 아니라 한국전쟁 직후 정부의 대처 능력이 도마 위에 올랐으며, 전쟁 도중 드러난 대형 사건들로 이승만 정권은 연일 국회로부터 비판을 받았다.

이승만 정권에 대한 지지도를 떨어뜨린 대표 스캔들 중 하나가 바로 '국민방위군사건'이다. 이승만 정부는 1·4후퇴 당시 '국민방위군'이라는 이름으로 50만 명의 청장년들을 후방으로 보내 병력 자원으로 활용하고자 했다. 그러나 군 고위 간부들이 예산을 횡령·착복하는 바람에 방위군 수십만 명이 사용할 식량과 의류가 부족해졌고, 결국 5만여 명이 아사하거나 동사하는 사태가 벌어졌다. 이에 국회는 국민방위군의혹사건조사위원회를 구성해 국민방위군 고위 간부들이 예산 23억 원, 양곡 5만 2000석에 달하는 거액을 횡령했다는 사실을 밝혀냈다. 게다가 군 간부들이 횡령한 금품 일부가 이승만을 지지하던 신정동지회로 흘러들었다는 정황이 드러나면서 한바탕 논란이 일었다. 이승만은 책임자를 공개 처형하는 등 논란을 조기에 진화하려 애썼지만, 야당 의원들은 이를 꼬리 자르기라며 힐책하고 나섰다. 국민방위군사건에서 이승만이 보여준 무책임한 태도는 신정동지회 의원 일부가 반 이승만파로 전향하는 계기가 되기도 했다.

거창양민학살사건 역시 논란이 된 대표 사건이다. 공비를 토벌한다는 명목으로 출동한 군대가 거창 지역의 주민 500여 명을 집단 학살한 것이다. 제대로 된 조사나 재판도 없이 주민 500여 명이 처형된 데에 경악한 국회는 조사위원회를 구성하고 곧 조사단을 현지에 파견했다. 그러나 군부는 조사에 제대로 응하지 않은 것은 물론 계엄군을 공비로 위장시켜 국회조사단에 총격을 가하는 등 상상하기 어려운 수준의 은폐 공작을 펼쳤다. 게다가 정부는 사건의 진상을 밝혀야 한다는 국회의 요구에 모르쇠로 일관했고, 이후 재판에 넘어간 사건 책임자들을 특별사면하는 등 끝까지 사건을 은폐하고 축소하기에 급급했다.

국회와 정부의 갈등과 긴장이 점점 커지고 이승만의 독단적 태도가 문제되자 국회 일각에서는 특단의 조치를 취해야 한다는 주장이 제기되었다. 바로 대통령중심제를 폐기하고 내각책임제를 실시하자는 움직임이었다.

내각책임제냐 대통령중심제냐

내각책임제를 실시하자는 주장은 제헌국회 초기에도 제기되었다. 대한민국 임시정부의 조직이 내각책임제에 기반을 둔 데다, 해방 직후 정치 대립이 극심한 상황에서 정치적 협력과 안정을 추구하기 위해서는 대통령중심제보다 내각책임제가 적절하다는 생각을 제헌국회 의원 다수가 가지고 있었던 것이다. 이에 헌법기초전문위원이던 유진오는 양원제와 내각책임제를 골자로 하는 헌법 초안을 국회에 제출한다. 김성수를 비롯한 한국민주당(한민당)이나 무소속 중도파 의원들 역시 내각책임제를 지지했다. 그러나 이승만은 대통령중심제를 강력하게 주장했다. 대통령중심제 국가인 미국에서 활동했기에 임시정부 시절부터 대통령 지위를 고집했고, 한때는 대통령중심제로 임시정부를 운영하려다 논란을 빚은 적도 있다. 김구와 한국독립당이 제헌국회에 불참한 상황에서 이승만은 전국적 인지도를 지닌 유일한 정치 지도자였고, 제헌국회의 4분의 1을 차지한 대한독립촉성국민회를 이끌던 유력한 대통령 후보이자 국회의장이었다. 이런 배경을 가진 이승만이 대통령중심제를 포기하지 않자 한민당도 결국 항복할 수밖에 없었다. 이승만의 요구를 수락해 대통령중심제를 지지하는 대신 국무총리와 내각 지분은 한민당이 차지하기로 합의한 것이다. 결국 유진오가 제시했던 헌법 초안은 하루아침에 내각제 요소를 가미한 절충형 대통령제로 변모하고 만다.

그러나 이승만은 대통령에 취임하자마자 한민당과의 약속을 깨버린다. 초대 국무총리로 한민당의 김성수가 아닌 자기 측근 이윤영을 지명한 것이다. '닭 쫓던 개' 꼴이 된 한민당은 이에 격렬하게 반발하며 이윤영 지명안을 부결시켰고, 이를 시작으로 이승만과 한민당의 갈등은 점차 격화되었다. 한민당은 이승만에게 맞서기 위해 다른 야권 세력을 결집해 한국 최초의 야당이라 할 수 있는 민주국민당을 결성하는데, 이후 민주국민당은 지속적으로 내각책임제 개헌을 주장하면서 이승만을 견제한다.

1951년, 이승만 정권의 실정이 계속되고 민주국민당을 비롯한 국회의원 다수가 내각책임제 개헌을 무기로 이승만을 압박하자 이승만은 자신만의 정치 세력을 결집시킬 필요성을 느낀다. 대통령을 국회에서 간선으로 선출하는 상황이었기에 재집권을 위해서는 국회를 완전히 장악하거나 직선제로 개헌한 다음 대중적 인기에 승부를 걸어야 했다. 이를 위해 만들어진 정당이 바로 이후 10년 가까이 이승만 정권의 버팀목이 된 자유당이다.

두 개의 서로 다른 자유당의 탄생

자유당 출범이 처음부터 이승만의 의도대로 수월했던 것은 아니다. 1951년 8월 15일, 이승만은 광복절 기념사에서 새로운 정당을 만들겠다고 밝혔다. 그러자 이범석의 조선민족청년단을 필두로 대한국민회, 대한청년단, 대한노동조합총연맹, 농민조합총연맹, 대한부인회 등 이승만을 지지하는 대중단체들이 이에 호응했다. 이들은 노동자와 농민을 위한다는 명분으로 통일노농당이라는 이름을 내세우며 창당을 준비했다. 이승만은 이들 원외 단체와 자신의 영향 아래 있는 국회의원들을 결집해 민주국민당에 맞서는 여당을 만들고자 한 것이다.

그런데 원내에서 다른 움직임이 일기 시작했다. 공화구락부라는 이름으로 활동하던 무소속 의원들이 과거 이승만의 영향 아래 있던 신정동지회와 연합해 공화민정회를 결성하고 장면을 새로운 지도자로 내세우며 신당 창당에 나선 것이다. 이들은 이승만과 거리를 두면서 내각책임제를 중심으로 한 개헌을 주장했다. 이승만 정권의 외교부장관이자 한때 이승만의 정치적 후계자로 불렸던 장면처럼 과거 이승만 편에 섰던 의원들마저 내각책임제를 주장할 정도로 이승만의 독불장군 행태는 심각했다.

이들은 국회사무처에 '자유당'이라는 이름으로 창당 설립 신고를 하려 했다. 그러나 원내 영향력을 빼앗길 수 없었던 이승만은 이들의 설립 신고를 방해하는 한편 통일노농당이라는 이름으로 창당을 준비 중이던 원외 세력을 '자유당'이라는 이름으로 창당시키는 기상천외한 방법을 동원한다. 자유당이라는 이름을 선점해 원내 신당을 자신의 세력과 억지로 통합시키고자 한 것이다. 두 개의 자유당이 탄생한 배경이다. 국회의원들을 주축으로 하는 자유당을 '원내 자유당', 대중단체를 기반으로 하는 자유당을 '원외 자유당'이라 불렸는데, 원내 자유당은 이후 이승만과 거리를 두면서 내각책임제 개헌을 추진하려 했지만 부산정치파동 과정에서 폭력적으로 와해되어 원외 자유당에 흡수되고 만다.

이처럼 국회에서 내각책임제 개헌을 추진하려는 움직임이 거세지자 이승만은 다급해졌다. 대통령 선거가 채 일 년도 남지 않은 상황에서 국회의원 다수가 자신에게 등을 돌렸기 때문이다. 1951년 12월 23일, 우여곡절 끝에 자유당(원외 자유당과 원내 자유당이 같은 날 만들어졌다)을 출범시킨 이승만은 1952년 1월 17일 대통령 직선제와 양원제를 골자로 하는 헌법 개정안을 국회에 제출한다. 원외 자유당을 비롯한 관변 대중단체들은 '개헌안부결반대민중대회'를 개최하는 한편, '내각책임제개헌안 반대투쟁공동위원회'를 구성해 국회를 압박했다. 내각책임제 개헌과 직선제 개헌을 둘러싸고 국회와 정부의 힘겨루기가 시작된 것이다.

국회는 1월 18일 이승만이 제출한 개헌안을 부결시켰다. 찬성 16, 반대 143, 기권 1이라는 압도적인 결과였다. 그러자 이승만은 관변단체를 동원해 국회의원들을 협박하고 회유하는 등 다양한 방식으로 내각제 개헌을 막으려 시도한다. 그럼에도 4월 17일, 국회의원 123명의 명의로 내각책임제 개헌안이 제출되었다. 123명은 국회의원 재적 인원의 3분의 2를 한 명 초과해 개헌안 통과가 가능한 숫자였다. 압도적 표결 결과를 보면서 이승만은 더이상 국회에서 사태를 뒤집기 어렵다는 판단을 내린다.

암흑의 시작, 부산정치파동

1952년 5월 19일, 수백 명이 임시 국회의사당으로 사용되던 무덕전을 포위했다. 이들은 '내각책임제 개헌 반대' '민의를 무시한 국회의원을 소환하자' '직선제 개헌안은 민중의 총의다' '민권을 박탈하는 자는 반역이다' 같은 거친 구호를 외쳤고, 의사당에 돌을 던지는 등 무력을 행사하기도 했다. 또 직선제 개헌이 민중의 뜻이라며 국회 해산을 요구하면서 지나가는 국회의원을 폭행하거나 강제로 연금했다. 이승만을 지지하는 관변단체들의 사주로 출동한 백골단, 혹은 '딱벌 떼'라 불리는 관제 폭력집단의 행태였다.

이들만 국회를 공격한 게 아니었다. 5월 10일 실시된 대한민국 최초의 지방의원 선거는 완전한 관권선거였다. 임시 수도였던 부산을 제외한 각 지역은 모조리 군부대가 장악한 상황이었기에 이들의 관리 아래 치러진 선거에서 대다수 지방의회는 이승만 지지 세력이 차지했다. 부산을 제외한 각 지방의 의회는 직선제를 반대하는 국회는 해산되어야 한다고 결의했고, 지방 의원들은 부산으로 몰려와 국회 해산을 요구하는 시위를 벌였다.

부산 각지에서 국회 해산 시위가 빗발치듯 일어나는 상황에서 이승만은 소요를 수습하겠다는 명분으로 이범석을 내무부장관으로 임명해 치안 책임을 맡긴다. 이범석은 원외 자유당을 이끌고 관변 집회를 조장한 인물이었다. 이범석을 내무부장관으로 임명한 것은 마음껏 국회를 압박하라는 신호였던 셈이다. 이승만은 이에 그치지 않고 본격적으로 국회를 무력화할 계획을 세운다.

5월 25일, 이승만은 비상계엄령을 선포한다. 공비를 토벌해야 한다는 것이 그 이유였다. 영남지구계엄사령관으로는 이승만의 측근인 헌병사령관 원용덕 소장이 임명되었다. 5월 26일 아침, 국회의원 47명

1952년 5월, 계엄 해제와 의원 석방을 결의한 국회 본회의장 외부의 혼란스러운 모습.

이 탑승한 통근버스가 헌병들에 둘러싸였다. 검문에 불응한다는 것이
명분이었지만 사실상 내각책임제 개헌을 추진한 주요 인사들을 체포
하려는 것이 목적이었다. 의원 대다수는 다음 날 풀려났지만, 10명은
국제공산당과 연루되었다는 이유로 구속되었다. 거창양민학살사건조
사단장을 맡았던 서민호는 긴급체포되어 사형선고를 받기도 했다. 이
런 노골적 탄압에 맞서 국회는 계엄 해제와 의원 석방을 결의했지만
정부는 무시해버린다. 부통령 김성수는 이에 격분해 대통령 탄핵을
주장하며 사표를 제출했다.

갑작스러운 계엄 선포와 뒤이은 국회의원 구속 사태는 국제적 파문

을 일으켰다. 민주주의를 수호한다는 이유로 유엔군이 한국전쟁에 참여했는데, 정작 한국의 민주주의는 내부에서 파괴된 것이다. 결국 이승만의 독선적 행태를 못마땅하게 본 미국이 나섰다. 먼저 제임스 밴 플리트 미8군 사령관이 이승만을 찾아와 계엄 해제를 요청했다. 그러나 이승만은 이를 내정 개입이라며 강력하게 항의한다. 그뿐 아니라 6월 2일 이승만이 24시간 내에 직선제 개헌안을 통과시키지 않으면 국회를 해산하겠다고 협박하자, 미국은 국회를 해산할 경우 한국에 대한 원조를 중단하겠다는 경고 서한을 보낸다.

이승만의 폭주를 걱정한 것은 미국만이 아니었다. 전시의 실질적 권력을 쥐고 있는 군부 일각에서도 부산에서 일어난 폭거를 보고 우려의 목소리를 내기 시작했다. 미군과 교감이 있던 것으로 알려진 일부 육군 장교들은 대구 육군본부에 모여 이승만 정권의 독주를 견제하기 위해 부산에 병력을 파견하자는 논의를 진행하기도 했다. 이 자리에는 이후 5·16쿠데타의 주역인 박정희 육군 작전차장도 참석했다. 한국전쟁 과정에서 빠르게 승진한 소장파 엘리트 장교 중에는 자신이야말로 국가를 개혁할 적임자라 생각하는 사람이 적지 않았다. 이들은 이승만을 피해 미군에 의탁하고 있었던 장면과 접촉하는 등 일종의 쿠데타를 꾀했지만 군의 정치 개입을 반대한 이종찬 참모총장에 의해 계획은 무산되고 말았다.

정국이 숨 가쁘게 돌아가는 상황에서 야당 인사들은 이승만의 폭거를 독재로 규정했다. 6월 20일, 야당 의원들은 '반독재호헌구국선언'을 발표하기 위해 부산 국제구락부에 모였다. 그런데 갑자기 회의장에 괴한 수십여 명이 들이닥쳐 난동을 부렸고 괴한들과 야당 인사들

사이에 유혈 충돌까지 벌어졌다. 일명 '국제구락부사건'이다. 관변단체들은 야당 의원이 모인 곳이라면 어디든 나타나 회의를 방해하거나 소란을 피웠다. 이를 가만히 보고 있을 야당 의원들이 아니었다. 6월 25일, '이승만 대통령 저격미수사건'이 발생한다. 과거 의열단원으로 활동한 독립운동가 유시태가 야당 국회의원 김시현의 양복을 빌려 입고, 6·25기념행사에 참석한 이승만을 저격한 것이다. 그러나 탄환은 불발탄이었고 유시태와 김시현은 체포되어 사형선고를 받는다. 이들은 이듬해 무기징역으로 감형되어 복역하다 4·19혁명 뒤에 석방된다.

저격미수사건 이후 국회를 향한 압박은 더욱 거세졌다. 6월 30일, 국회 해산을 요구하는 관제 시위대가 국회의사당을 포위하고 국회의원 80명을 연금하는 일이 벌어진다. 불법적이고 폭력적인 시위대의 행동을 두고 이승만은 "민심의 반영일 뿐"이라며 웃어넘겼다.

이즈음 내각책임제 개헌을 지지하면서 이승만을 견제하려던 미국은 판단을 바꾼다. 이승만처럼 반공의식이 투철하고 정부 장악력이 강한 지도자를 찾기 어렵다는 이유였다. 미국의 지지마저 상실한 야당은 국회 출석을 거부하는 것으로 직선제 개헌을 저지했지만, 이에 맞서 이승만은 경찰력까지 동원해 집에 틀어박힌 의원들을 강제로 끌어내 국회로 호송하는 한편, 경찰에 체포되어 재판을 받던 의원들을 석방시켜 국회로 보냈다. 일단 국회로 들어온 의원들은 다시 나갈 수 없었다. 국회의사당을 군부대가 둘러싸고 국회의원의 출입을 통제했기 때문이다. 총칼로 둘러싸인 위협적인 상황에서 국회의원들은 이승만의 직선제 개헌안을 받아들일 수밖에 없었다.

1952년 7월 4일, 재적 의원 179명 가운데 166명이 출석한 상황에서 대한민국 헌정사 최초의 개헌안이 통과되었다. 표결 결과는 찬성 163, 반대 0, 기권 3이었다. 무력에 의한 강제 개헌이었고, 공고 절차도 독회 절차도 없이 기립 투표 방식으로 진행된 위헌적 개헌이었다. 정부의 직선제 개헌안과 국회의 안을 각각 발췌해 작성했다는 뜻에서 이를 '발췌개헌'이라 부르기 시작했다. 즉 '짜깁기 개헌'인 것이다.

개헌안 내용은 양원제와 대통령 직선제 등 이승만 정부가 제시한

1952년 7월, 발췌개헌안 통과 이후 기뻐하는 자유당 의원들.

안을 기본으로 하고, 국회의 안 가운데 '국회의 내각불신임결의권 부여'를 덧붙였다. 그러나 양원제는 4·19혁명 이후 제2공화국이 들어설 때까지 실시되지 않았고, 내각불신임결의권 역시 이승만 일인 독재 아래에서는 무의미한 것이었다. 최초로 대통령 직선제가 도입되었지만 이는 결국 이승만의 장기 집권을 위한 포석에 불과했다.

7월 28일, 비상계엄령이 해제되었고 국회도 겉으로는 안정을 찾아가는 것처럼 보였다. 그러나 한번 총칼로 무력화된 국회의 권위는 바닥까지 추락했다. 발췌개헌안이 통과된 직후 이승만 정권의 대표 정경유착 사례인 '중석불 사건'이 세간에 알려졌다. 중석을 수출해 얻은 달러로 구입한 비료와 밀가루의 처분권을 정부가 몇몇 무역업자에게 특혜로 내주어 시민들에게 큰 피해를 입힌 사건이다. 폭리를 취한 무역업자들이 정부에 정치자금을 대준 것이 드러났지만, 국회의 조사에도 불구하고 검찰은 봐주기 수사로 일관했고 책임자 처벌은 제대로 이뤄지지 못했다. 국회의 위상이 완전히 무너진 것이다.

1952년 8월 5일, 제2대 대통령 선거가 실시되었다. 발췌개헌 직후 한 달 만에 치러진 선거였다. 88.1퍼센트라는 높은 투표율을 보인 이 선거는 역사적인 첫 직선제 대통령 선거였지만 현직 대통령이자 행정부를 장악한 이승만의 당선이 확실한 선거이기도 했다. 이승만은 75퍼센트에 가까운 높은 득표율로 조봉암, 이시영, 신흥우 등 야당 후보들을 가볍게 누르고 당선되었다.

직선제 개헌을 저지하지 못한 야당은 이후 급격하게 힘을 잃었다. 원내 자유당은 원외 자유당에 흡수되었고, 무소속 의원들은 이승만과 자유당이 득세하자 재선을 목적으로 자유당에 입당했다. 1953년에는 자유당 의원이 국회 의석 과반을 차지하면서 이승만은 국회를 완전히 장악하는 데 성공한다.

1953년 7월 27일 체결된 휴전협정으로 제2대 국회는 부산에서 겪은 수난을 뒤로 하고 서울로 복귀한다. 국회가 겪었던 수난만큼이나 중앙청 건물 역시 전쟁으로 큰 상처를 입었다. 1954년 5월 30일, 제3대 국회가 개원하면서 국회의사당은 중앙청을 떠나 태평로 시민회관 별관으로 자리를 옮긴다. 현재 서울특별시 의회로 사용되고 있는 바로 그 건물이다.

1975년 여의도 국회의사당이 완공되기까지 20년 동안 대한민국 국회의 '태평로 시대'는 또다시 '화려하게' 펼쳐진다.

제헌헌법의 탄생

의장(이승만) ─ 이 전문을 그대로 통과하자는 것을 가케 여기면(동의하면) 기립하시오. 대한민국 헌법을 103조 다 낭독한 대로 꼭 통과했다는 표적입니다. (전원 기립) 한 분도 빠짐이 없으니까, 전체가 통과된 것이니까⋯. 3000만 민족이 지난 40년 동안에 남의 밑에서 살아왔습니다. 그런데 오늘 이때에 우리 민족의 대표로 자유선거로서 우리가 여기에 모여가지고, 3000만을 대표하는 민의를 받아가지고, 이 헌법을 우리의 손으로 이렇게 제정한 것입니다.

─ 제1대 국회 제28차 회의(1948년 7월 12일) 속기록 중에서[1]

제헌국회는 1948년 5월 31일 개원했고, 제헌헌법은 7월 17일 공포되었다. 불과 50일도 되지 않는 짧은 시간에 제헌헌법이 만들어진 것이다. 헌법 제정이 빠르게 진행될 수 있었던 것은 '헌법의 아버지'라 불리는 유진오의 노력 덕분이었다. 유진오는 경성제국대 법과대학을 수석으로 입학하고 경성제국대학 최초의 조선인 법학교수로 추천받았던 인물이다. 제헌국회가 개원할 당시 보성전문학교 법과대 교수였던 그는 '조선 유일의 공법학 교수'로서 헌법 제정 과정 전반에 참여한다.

제헌국회의 특징은 남로당을 비롯한 좌파 세력, 김구와 한국독립당을 비롯한 민족주의 우파 세력이 남한 단독정부 수립에 반대하며 불참했다는 점이다. 아직 단독정부 반대 세력이 사회적 영향력을 가지고 있던 상황에서 이승만과 한민당 등 보수 우파 세력은 되도록 빨리 '건국 프로젝트'를 완결 짓고 단독정부 수립을 기정사실화하려 했다. 제헌헌법 제정이 빠르게 진행된 배경이다.

헌법 제정 과정에서 갈등이 없었던 것은 아니다. 앞서 살펴봤듯이 정치권력의 행방을 두고 이승만은 대통령중심제를, 한민당은 내각책임제를 주장하며 양자 사이에 갈등과 긴장이 존재했다. 그 와중에 이승만은 헌법기초위원회 심의석상에 나타나 "만일 내각책임제 헌법이 통과된다면 자신은 어떤 공직에도 취임하지 않고 민간에 남겠다"라는 협박성 발언을 하기도 했다. 이승만의 강력한 요구에 한민당은 국무총리와 일부 내각 인사의 지명을 조건으로 대통령중심제를 승인한다.

헌법 초안을 기초한 유진오는 강력한 내각책임제 신봉자였다. 그는 국회와 정부 수장의 관계가 밀접해야 안정적이고 강력한 정부가 탄생한다고 생각했다. 유진오는 이승만의 요구로 대통령제가 채택된 이후에도 국무위원을 임명할 때 국무총리에게 제청권을 부여하는 등의 내각책임제 요소를 강화하기 위한 활동을 벌이기도 했다.[2]

제헌헌법의 또다른 특징은 경제 질서와 기본권 측면에서 국공유화 이념과 사회적 기본권을 강조하고 있다는 점이다. '사회주의적'이라 평가될 정도로 강력한 계획경제와 통제경제를 경제 질서의 기본으로 채택했는데, 신생국가로서 국가 주도 아래 경제를 재건하겠다는 의지의 산물이다. 이는 농지개혁을 규정한 제헌헌법 86조, 사기업 근로자의 이익균점권을 명시한 19조, 지하자원 및 전기·통신 산업에 대한

국공영화를 규정한 85조, 87조 등에서 잘 나타난다.[3]

한편 짧은 시간 급하게 헌법을 제정하는 과정에서 여러 문제도 드러났다. 다양한 사회 구성원이 참여하거나 논의하는 과정이 생략되었고, 정당정치가 성숙하지 못한 상황에서 각 조항을 충분히 검토하고 토론할 역량도 시간도 부족했다. 이승만의 요구로 대통령중심제가 채택되는 과정에서 드러났듯 공식 토론 없이 비공식 타협이나 압력으로 법안이 영향을 받는 일이 비일비재했다. 또 무소속 의원들은 비공식 제휴에서도 배제되어 제 목소리를 내지 못하는 경우가 많았기 때문에 무소속 소장파 의원들을 중심으로 불만의 목소리가 높았다. 이 불만은 헌법 제정 직후 국회에서 간접선거로 치러진 대한민국 제1대 대통령 선거 결과에 그대로 나타났다. 대통령으로 이승만, 부통령으로 이시영의 당선이 유력한 상황에서 상당수 '반란표'가 등장한 것이다. 입후보 절차 없이 진행된 정·부통령 투표에서 단독정부 수립을 거부한 김구와 안재홍, 조만식이 상당한 득표를 했다는 것은 이승만과 한민당이 주도한 '건국 프로젝트'에 불만을 가진 이들이 많았다는 것을 암시한다.

다음과 같은 유진오의 회고는 제헌헌법 탄생 과정의 모순을 상징적으로 보여준다.

의장(이승만)이 '가케 여기면 기립하시오' 선언하였을 때 국회의원들은 모두 우루루 일어섰다. 그 순간이다. 나는 의원석 중간쯤에 자리 잡은 한 의원이 기립하지 않고 자리에 앉은 채 고개를 똑바로 들고 앞쪽을 응시하고 있는 광경을 내 눈으로 보았다. 이문원 의원이었다. 그런데 그 광경을 의장은 보았는지 못 보았는지 '한 분도 빠짐이 없으니까 전체가 통과된 것입니다' 하고 방망이를 딱딱 두드렸다.[4]

제헌헌법이 통과되는 역사적인 순간, 홀로 자리에 앉아 있던 이문원은 제헌국회의 대표적인 무소속 소장파 의원이었다. 이문원은 헌법 제정 과정의 절차상 문제를 제기했지만 의장이었던 이승만은 이문원의 문제 제기를 무시해버린다. 이후 농지개혁과 반민특위 같은 일로 이승만과 갈등을 빚는 이문원은 이듬해인 1949년, 석연치 않은 혐의로 '국회프락치사건'에 연루되어 구속된다.

2장

사사오입개헌 날치기와 4·19혁명

극적으로 부결된 개헌안

1954년 11월 27일, 태평로 국회의사당은 숨 가쁜 긴장감에 휩싸였다. 두 달 가까이 정계를 들썩이게 한 개헌안이 표결되는 날이었기 때문이다. 개헌안은 '국민투표제 신설' '국무총리제와 국무원 연대책임제 폐지 및 국무위원 개별불신임제 신설' '경제조항의 자유주의 경제화' '초대 대통령에 한한 중임 제한 철폐' 등이 골자였다. '국민투표제 신설'은 부산정치파동 당시 국회를 통제하는 데 어려움을 겪었던 이승만이 대중적 인기를 등에 업고 행정부 권력을 강화하려는 술수였고, '국무원 연대책임제 폐지'는 의회의 내각 통제권을 제약하려는 취지였다. 또 '경제조항의 자유주의 경제화'는 제헌헌법에 담긴 기간산업 국유화 같은 통제경제적 요소를 폐기하는 내용이었으며, '대통령 중임 제한 철폐'는 장기 집권으로 나아가고자 하는 이승만의 야욕이 담긴 조항이었다.

표결 당일 오후까지 치열한 토론이 벌어졌다. 야당인 민주국민당과 무소속 개헌 반대파 의원들은 핏대를 세워가며 개헌안을 비판했다. 무소속 전진한 의원은 "대통령이 위대한 것은 알고 있으나 개인의 생명에는 한계가 있고 국민의 생명은 무한한 것이다. 민주주의에 오점을 찍지 말고 무한한 생명을 위하여 대통령 중임 제한 철폐를 강력 반대한다"라고 주장했다. 민주국민당 소선규 의원 역시 "개헌안 찬성 토론을 하게 된 자유당 의원들 중에는 부산정치파동 당시 (이승만에 반대해) 내각책임제를 주장한 끝에 버스에서 같이 끌려 나간 의원들도 있다"라며 자유당 의원들의 양심에 호소하는 한편 "미국의 워싱턴 대통령은 대통령직을 자진 포기했고, 인도의 간디 역시 네루에게 정권을 양보한 것을 볼 때 현 대통령 일인을 지정하여 헌법 조문을 고치는 것은 특권화라고 단정할 수밖에 없다"면서 이승만의 권력욕을 비판했다.[5]

당시 자유당은 이미 개헌 선인 136석을 넘긴 137석을 확보하고 있었다. 그뿐 아니라 무소속 의원 여러 명을 포섭해 무난히 개헌안이 통과되리라 전망했다. 그러나 세상일은 알 수 없는 법, 비밀투표이기에 '반란표'가 나올 가능성도 있었다. 자유당은 만반의 준비를 갖추기 위해 의원들에게 '암호 투표'를 지시한다.

당시 투표용지에는 '可(가)' '否(부)' 두 글자가 인쇄되어 있었다. 개헌안에 반대하는 의원은 可를 지우고, 찬성하는 의원은 否를 지우는 방식이다. 이에 자유당은 否 자 지우는 방식을 의원별로 다르게 지정해 사실상 기명투표의 효과를 얻고자 했다. 이를테면 지역구별로 만년필의 잉크 색을 다르게 한다거나 X표가 아닌 다른 기호로 否 자를 지우는 식이었다. 투표가 끝난 다음 자유당 소속 감표위원을 통해 정해진 방식으로 기표를 했는지 일일이 확인하겠다고 엄포를 놓았으니 내심 개헌안에 불만을 가진 자유당 의원들도 찬성표를 찍지 않을 수 없는 상황이었다. 심지어 자유당은 투표 전날 의원 개개인에게 모의 투표용지를 배부해 자신의 기표 방식을 익히게 하는 등 철저하게 이

祖國과 民族이 渴望하는 改憲要旨는 이롭다 !!

一, 大統領, 副統領의 任期는 四年으로하되 再選에 依
하여 一次 重任 할수있다
但 初代大統領은 此限에 不在한다

二, 憲法改正異國家構成要素의 變革은 有權國民三分之二
以上의 決議없이는 할수없다

三, 選擧民에게 兩院議員에 對한 召喚權을 附與한다

四, 政府에게 民議員에 對한 解散權을 附與한다

五, 憲法第六章經濟條項을 改正할것等을 主張한다

改憲推進委員會

1954년 제2차 헌법 개정 당시 정부 측 개헌추진위원회에서 만든 개헌 방향을 담은 안내문.

탈 표를 막기 위해 준비했다.

　그런데 바로 이 모의 투표용지가 자유당에 폭탄으로 돌아왔다. 11월 27일, 여야 간의 토론이 끝나고 표결에 들어가기 직전 돌연 무소속 송방용 의원이 발언권을 신청했다. 그러고는 "자유당에서 이번 투표에 암호를 사용하여 (투표의) 자유를 구속한다는 소문이 있다"면서 여당을 추궁했다. 자유당 의원들이 고함을 지르며 이를 부인하자 송방용은 비밀리에 입수한 모의 투표용지를 꺼내들며 "이래도 거짓말이

냐?"라고 맞받아쳤다. 순간 장내에 소란이 일었다. 격분한 야당 의원들은 비밀투표를 보장하지 않는다면 투표를 거부하겠다며 들고 일어났다. 한동안 혼란이 계속되다가 투표가 끝난 다음 투표함을 개봉하지 못하게 봉인하는 것으로 타협을 보고 나서야 표결에 들어갈 수 있었다.

오후 4시 20분에 시작한 투표는 30분이 지난 4시 50분에 마무리되었고 곧바로 개표가 시작되었다. 그런데 개표 결과가 바로 발표되지 않았다. 감표위원들이 웅성거리는 가운데 몇 차례나 재검표가 반복되었다. 그렇게 20여 분이 흘렀다. 재검표가 진행되는 동안 고개를 떨구고 한참 담배를 피우던 자유당 소속 최순주 국회부의장이 찬성 135표, 반대 60표, 기권 7표로 개헌안이 부결되었다고 선포했다. 재적 의원 203명 가운데 개헌 정족수 3분의 2는 136명이기에 단 한 표 차이로 부결된 것이다. 암호 투표를 적발한 개헌 반대파의 승리였다. 환호성을 지르는 야당 의원들 사이로 자유당 의원들은 힘없이 장내를 빠져나갔다.

사상 초유의 '사사오입' 논리

11월 27일 밤, 이기붕 국회의장과 최순주 국회부의장은 경무대로 향했다. 이승만을 직접 만나 개헌안 부결에 대해 사죄할 생각이었다. 그런데 묵묵히 이기붕의 보고를 듣던 이승만이 "아니, 부결이라니, 135표면 통과된 것 아닌가?"라며 부결을 선포한 최순주를 꾸짖었다. 당황한 이들은 경무대에서 물러나왔다.

개헌안에 투표하는 신익희 의원.

　이튿날인 11월 28일은 일요일이었지만 자유당은 긴급 의원총회를 열었다. 이미 이승만의 반응을 전해들은 일부 의원들은 135표로도 개헌안이 통과된 것이라 주장하기 시작했다. 한희석 의원 등은 203명의 3분의 2는 135.333명이고, 사사오입을 하면 135가 되는 것이니 개헌안은 가결된 것이라고 우겼다. 일부 소장파 의원들은 이런 기상천외한 주장에 반대하고 나섰으나 이승만에게 충성하는 중진 의원들은 강력하게 사사오입 논리를 내세웠다. 의원 대부분은 이런 주장에 침묵으로 일관했다.

의원총회가 끝난 뒤 자유당 이재학 원내총무가 담화를 발표했다.

헌법 개정의 의결은 헌법 98조 4항 및 발췌개헌 부칙 3항에 의거해 민의원 재적 의원 3분의 2 이상의 찬성으로서 하게 되어 있는 바, 민의원의 현 재적 의원인 203명의 3분의 2의 정확한 수치는 135.333인데 자연인을 정수 아닌 소수점 이하까지 나눌 수 없으므로 사사오입의 수학 원리에 의하여 가장 근사치의 정수인 135명임이 의심할 바 없다. 그런데 개헌에 필요한 '3분의 2 이상'이라는 것은 '3분의 2 초과'라 하는 것과는 다른 의미의 법률 용어로서 3분의 2의 수를 포함하여 3분의 2의 수와 그보다 많은 수를 지칭하는 것이며, 이것은 전술한 산출 방법에 의하면 135명의 찬성으로서 개헌안은 가결되는 것이다.[6]

뒤이어 이기붕 국회의장 역시 "개헌안이 135표로 가결되었음에도 감표 보고의 착오로 선포가 잘못되었다"라는 내용의 담화를 발표했다.

기상천외한 날치기 개헌

월요일인 11월 29일, 국회 본회의가 개의되자 최순주 국회부의장은 "회의록을 낭독하기 전에 정정할 사항이 있다. 지난 11월 27일 헌법 개정안 통과 여부 표결 발표 시 부결을 발표했다. 그러나 이것은 정족수의 계산 착오로서 이것을 취소한다"라고 선언했다. 그러고 나서 "재적 203명의 3분의 2는 135표로 통과됨이 정당함으로써 헌법 개정안은 헌법 제98조 4항에 의하여 가결, 통과됨을 선포한다"라고 말하며 의사봉을 두드렸다. 부결된 개헌안을 하루아침에 가결로 바꾼 기상천외한 날치기 개헌이었다.

야당 의원들은 당장 들고 일어났다. 무소속 이철승 의원은 단상으로 뛰어올라 최 부의장을 끌고 내려왔고, 무소속 곽상훈 국회부의장은 빈 의장석에 뛰어들어 의사봉을 빼앗고는 "최 부의장의 번복 선포는 불법이며 개헌안의 부결을 확정한다"라고 선언했다. 자유당 의원들 역시 단상으로 뛰어 올라 야당 의원들과 난투를 벌였다.

몸싸움이 벌어진 곳은 국회의원석만이 아니었다. 이른 아침부터 자유당 감찰부장이자 정치깡패로 이름난 이정재가 폭력단을 동원해 국회 방청석을 점거하고 있었다. 이들은 야당 편을 드는 방청객을 협박하고 의석을 향해 고함을 지르는 등 위협적인 분위기를 조성했다.

최순주 국회부의장에게 사과와 개헌안 가결 취소를 요구하던 야당 의원들은 분에 이기지 못해 회의장에서 일제히 퇴장해버렸다. 야당 의원들이 퇴장한 가운데 진행된 국회 본회의에서는 사사오입 논리를 정당화하기 위한 자유당 의원들의 궤변이 쏟아졌다. 수학 교사 출신인 자유당 윤성순 의원은 "수학계의 태두인 이원철 박사와 서울대 최윤식 교수에게 135명이 재적 의원 203명의 3분의 2임을 확증받았다"라고 발언했고, 의사 출신 김철주 의원은 "아기가 이미 죽었다고 해서 보자기에 싸 놓았는데, 알고 보니 죽은 게 아니라 가사 상태여서 아기가 다시 살아났다. … 이미 선포한 것은 잘못이지만 사실 정족수는 135인이었다"라며 개헌안 가결을 합리화했다.

국회가 산회하자 이승만은 임시 국무회의를 열어 개헌안을 정식으로 공포했다. 그러자 당장 비판이 쏟아졌다. 대법원장 김병로는 어디까지나 개헌 문제는 국회에서 해결할 일이라 전제하면서도 "사사오입이란 도저히 이해할 수 없는 논법"이라 말했고, 헌법을 기초한 유진오는 "법 이론상 0.0001이 부족하더라도 부족은 부족"이라며 "이번 개헌은 부결된 것"이라 단정했다. 해외 반응도 비슷했다. 유엔 한국위원단은 제9차 유엔총회에 보낸 보고서에 "개헌안이 국회에서 통과되려면 국회의원의 3분의 2, 즉 203석 가운데 136석의 확보가 필요하다"라고 지적했다. 〈뉴욕타임스〉〈타임〉 같은 외신도 "이승만이 종신 대통령을 꾀하고 있다"라며 비판했다. 사사오입개헌에 대한 국내외 비판에도 이승만 정권은 묵묵부답으로 일관했다. 차기 대통령 선거에서 다시 당선될 것이라는 자신이 있었던 것이다.

자유당 독주에 맞선 민주당의 탄생

집단 퇴장 이후 민주국민당과 무소속 의원들은 사사오입개헌 파동을 '헌정 파괴'라 규정하고 등원 거부 투쟁을 이어나간다. 이들은 이승만과 자유당에 맞서 통합된 야당을 만들겠다고 결의하고 '호헌동지회'라는 이름의 원내 교섭단체를 결성한다. 한편 자유당 내부에서도 개헌 강행에 반발하는 의원들이 점차 늘어나기 시작했다. 12월 6일, 최초로 자유당 탈당을 선언한 손권배 의원은 "부결로 선포된 개헌안을 가결로 만든 것은 정신병자가 아니고는 할 수 없는 짓으로 자유당 정권이 계속된다면 국민에게 씻을 수 없는 죄악을 범하게 될 것"이라며 탈당 이유를 밝혔다. 12월 9일에는 자유당 소장파 의원이었던 김영삼을 비롯해 12명이 추가로 탈당했다. 자유당의 분열이 가시화되자 호헌동지회는 12월 24일 신당촉진위원회를 구성해 범야 세력을 규합한 강력한 야당을 만들어 호헌 투쟁을 전개하겠다고 선언했다.

반 이승만 투쟁을 기치로 야권 통합의 기운이 무르익었지만 야권 내부의 사정은 복잡했다. 특히 혁신 세력의 대표주자인 조봉암의 참여를 두고 말이 많았다. 그중에서도 조병옥과 장면의 반대가 극심했다. 공산주의자였던 조봉암의 사상이 의심스럽다는 것이 이유였지만 실제로는 제2대 대통령 선거에서 80만 표 가까이 득표한 조봉암이 신당의 주도권을 쥘지도 모른다는 위기를 느꼈던 것이다. 민주국민당의 정신적 지도자였던 김성수는 죽기 직전까지 조봉암을 포함한 통합 야당을 건설해야 한다고 설득했지만, 결국 조봉암과 혁신 세력은 신당 창당에서 배제당한다. 조봉암과 혁신 세력은 이후 '진보당 창당추진위원회'를 결성해 "공산 독재는 물론 자본가와 부패분자의 독재도 배격하고 민주주의 체제를 확립하여 책임 있는 혁신정치를 실시한다"라는 슬로건을 내걸고 제3대 대통령 선거에 나선다.

조봉암의 참여를 두고 벌어진 갈등으로 지지부진하던 야권 통합운동은 1955년 9월 18일 '민주당'이라는 이름의 신당이 창당되면서 마무리된다. 이승만과 자유당에 맞서면서 내각책임제를 실현하겠다는 목표 아래 민주국민당이 중심이 되어 자유당 탈당파, 무소속 의원 다수, 흥사단 등 재야 세력을 포괄하는 새로운 거대 야당이 등장한 것이다. 그러나 전국 조직을 갖춘 민주국민당 계열 인사들이 당 실권을 장악하려 했기 때문에 민주당은 이후에도 한동안 민주국민당 계열 '구파'와 비주류 '신파' 사이의 갈등으로 골치를 썩는다.

충격과 반전, 제3대 대통령 선거

제3대 대통령 선거 직전인 1956년 3월, 이승만은 돌연 불출마를 선언한다. 그런데 한편으로는 관변 조직들을 동원해 이승만의 출마를 청원하는 여론을 조성한다. 이른바 '민의'에 따라 출마를 결심하겠다는 정치 쇼를 벌인 것이다. 그러나 실제 국민 여론은 이승만과 자유당으로부터 점차 멀어지고 있었다. 대통령 후보로 신익희를, 부통령 후보로 장면을 내세운 민주당은 "못살겠다 갈아보자"라는 구호로 유권자들을 공략했고, 정치 동향에 민감한 서울을 중심으로 민주당의 인기가 급상승했다. 사사오입개헌이라는 무리수를 둔 자유당의 패착이었다.

조봉암을 후보로 내세운 진보당 창당추진위원회 역시 "평화통일"이라는 새로운 구호를 내세우며 전쟁에 지친 민심을 파고들었다. 조봉암은 평화통일을 주장하면서 반공통일, 북진통일을 내세운 이승만과 대립각을 세우는 한편, 친일파 청산을 외치면서 친일 지주 세력이 모태가 된 민주당과 차별점을 강조했다.

다급해진 자유당은 폭력 테러와 선거 방해 같은 각종 부정행위를 동원해 두 야당 후보를 견제했다. 진보당 회의장에는 폭력단이 난입했고, 신익희의 집 앞에서는 출마를 포기하라는 관제 데모가 열리기도 했다. 이승만은 선거 유세 도중 '민주당은 친일파'이고 '진보당은 공산주의자'라는 식의 마타도어를 일삼았다. 조직과 자금 면에서도 자유당은 물량 공세를 퍼부었다. "벽보 수로 보았을 때 자유당은 비행기, 민주당은 버스, 진보당은 지게"라는 말이 나올 정도로 자유당은 총력을 다해 선거에 임했다.

그런데도 야당 후보들의 인기는 꺾이지 않았다. 5월 3일, 한강 백사장에서 열린 신익희의 선거 유세 현장에는 20만여 명의 시민들이 모였다. 타고난 연설가였던 조봉암의 인기 역시 만만치 않았다. 야당에 쏠린 민심에 고무된 민주당과 진보당은 정권 교체가 가능하리라는 기대 속에 후보 단일화를 논의하기 시작했다.

그러나 민주당이라는 거대 야당이 등장하면서 치열한 접전이 펼쳐질 것으로 보였던 제3대 대통령 선거는 예상치 못한 돌발 상황으로 싱겁게 끝나고 말았다. 5월 5일, 호남 유세를 위해 기차에 오른 신익희가 심장마비로 급서한 것이다. 선거를 불과 열흘 앞두고 발생한 불운한 사건이었다.

대통령 선거는 이승만이 504만 표를, 조봉암이 216만 표를 획득해 이승만이 손쉽게 승리했다. 신익희를 추모하는 의미의 무효표는 무려 185만 표에 달했다. 투개표 현장에서 일어난 각종 부정행위를 감안했을 때 신익희가 살아 있었더라면 이승만의 3선은 불가능했으리라는 반응이 대부분이었다. 민주당 부통령 후보인 장면이 400만 표를 받아 자유당 부통령 후보인 이기붕을 꺾고 당선된 것을 감안하면 충분히 가능한 시나리오였다.

이승만이 대통령에 당선되었지만 자유당은 선거에서 패배한 것이나 다름없었다. 이승만이 여든하나라는 고령인 상황에서 장면이 부통령에 당선되었기 때문이다. 자유당은 사사오입개헌을 통해 "대통령 궐위 시 즉시 후임자를 선출한다"는 조항을 "대통령 궐위 시 부통령 이 대통령이 되고 잔임 기간 중 재임한다"라고 개정한 바 있다. 자유 당은 직선 부통령 선거에서 패배하지 않을 것이라는 확신이 있었던 것이다. 그런데 부통령으로 장면이 선출되면서 상황이 묘하게 되었 다. 고령의 이승만이 갑자기 죽어버린다면 꼼짝 없이 대통령 자리를 장면에게 빼앗기게 된 상황이었다.

정치적 제거 대상이 된 장면과 조봉암

1956년 9월 28일, 서울특별시 공관에서 민주당 전당대회가 열렸다. 민주당 소속 부통령인 장면도 전당대회에 참석했다. 그런데 연설을 마치고 전당대회장을 떠나는 장면을 향해 누군가 총을 쏘았다. 다행 히 총알이 장면의 손을 스치고 지나가면서 치명상을 입지는 않았다. 민주당 당원들이 그 자리에서 범인을 붙잡았고, 곧 달려온 경찰이 범 인을 체포했다.

경찰은 부통령 저격사건이 민주당 구파와 신파의 내분 때문에 일어 난 일이라고 발표했다. 그러나 민주당도 국민도 이 발표를 믿지 않았 다. '대통령 궐위 시' 대통령직을 승계하게 될 장면을 제거하기 위해 자유당 세력이 음모를 꾸몄다는 게 공공연한 비밀이었기 때문이다. 실제로 저격미수사건은 부통령 선거에서 낙선한 이기붕의 지시에 따 른 것이었다.

부통령에 당선된 장면에게 가해진 위협이 비공식 수단을 동원한 암살 시도였다면, 조봉암에게 가해진 위협은 조작된 간첩 몰이였다. 1958년 1월, 검찰은 진보당 간부들이 북한 간첩단과 접선했으며, 진보당의 '평화통일론'은 북한과 내통한 결과라며 조봉암과 진보당 간부들을 구속했다. 별다른 물증도 없었던 사건이었기에 1심 재판부는 이들에게 가벼운 형량을 선고했다. 그러나 관제 청년단체들이 "조봉암을 처벌하라"라고 외치며 법원에 난입해 행패를 부렸고, 자유당 또한 상급심 재판부에 강력한 압박을 가했다.

증거 조작까지 불사하며 조봉암을 제거하기 위한 공작 끝에 1959년 2월 27일, 대법원은 조봉암에게 사형을 선고했다. 조봉암을 살리려는 구명운동이 국내외에서 이어졌지만 사형이 선고된 지 5개월 만에 조봉암은 교수대에서 처형된다. 이승만 정권 최악의 사법 살인으로 불리는 '진보당사건'이다. 조봉암은 50여 년이 지난 2011년이 되어서야 대법원 재심을 통해 무죄판결을 받는다.

3·15부정선거와 4·19혁명

제3대 대통령 선거 이후 이승만과 자유당은 걷잡을 수 없는 독재의 길을 걷는다. 1958년 제5대 국회의원 선거 역시 관권 부정선거의 향연이었다. 전남 보성에서는 자유당 후보가 투표 참관인들의 식사로 나온 닭죽에 수면제를 섞어 기절시키고 그 틈을 타 투표함을 바꿔치기하는 희대의 사건이 벌어지기도 했다. 장면 저격미수사건이나 진보당사건처럼 이승만 집권에 장애가 되는 인물들을 폭력과 살인으로 제거하는 일들이 계속되었다. 민심은 완전히 이승만 정권에게서 멀어졌고, 특히 서울을 비롯한 도시 지역에서 민주당의 인기가 자유당을 압도하는 여촌야도 경향이 강하게 나타났다.

제4대 대통령 선거일은 1960년 3월 15일이었다. 여든다섯의 이승만이 또다시 후보로 출마했고, 민주당에서는 구파 리더 조병옥이 나섰다. 이미 지난 대선에서 실질적 패배를 경험한 자유당은 확실한 승리를 위해 일 년 전부터 내무부장관 최인규의 지도 아래 부정선거를 획책했다. 그런데 선거를 한 달 앞둔 2월 15일, 갑작스럽게 조병옥 후보가 세상을 떠났다. 병 치료를 위해 미국의 병원에 입원했다가 수술 후유증으로 사망한 것이다. 신익희의 급서에 이어 야당 대통령 후보가 연속으로 선거를 앞두고 사망한 유례가 없는 일이 발생한 것이다.

제3의 후보가 없는 상태에서 조병옥이 사망하자 이승만의 대통령 당선은 확정된 것이나 다름없었다. 그런데도 자유당 정권은 부정선거 계획을 취소하지 않았다. 지난 대선처럼 이기붕 대신 장면이 부통령에 당선되어 대통령직을 위협받을 가능성을 봉쇄하기 위해서였다. 선거일인 3월 15일, 이기붕의 부통령 당선을 위해 미리 계획된 갖가지 부정행위들이 펼쳐졌다. 사전 투표, 7인조 투표, 사망자 명의 투표, 투표소 시계 조작, 투표함 바꿔치기, 개표 조작 등 상상하기 어려운 조작이 이어지면서 결국 80퍼센트 가까운 득표율로 이기붕이 부통령으로 당선되었다.

그러나 자유당은 성난 민심을 간과했다. 조병옥의 갑작스러운 죽음으로 선거를 통한 정권 교체 가능성을 잃어버린 국민들은 허탈함과 동시에 분노를 느끼고 있었다. 3·15부정선거는 국민들의 불붙은 분노에 기름을 끼얹은 행위나 다름없었다. 선거 결과가 공표되기도 전에 마산에서는 항의 시위가 일어났다. 그도 그럴 것이 개표가 시작되지도 않은 투표함에서 이승만의 표가 쏟아져 나왔다거나 투표장에 도착했더니 이미 표를 행사했다는 답변을 받았다는 등 노골적 부정행위들이 눈앞에서 펼쳐졌기 때문이다.

그런 상황에서 시위에 참여한 고등학생을 경찰이 폭행하자 분노한 마산 시민 1만여 명이 시청 앞으로 모여들었다. 그런데 시위 도중에 사고로 마산 시내가 정전되자 야음을 틈타 경찰이 시위대에게 실탄을 발포해 여러 명이 죽거나 다치는 일이 발생했다. 당시 희생자 가운데는 열여덟 살 고등학생 김주열도 있었다.

4월 11일, 왼쪽 눈에 최루탄이 박힌 김주열의 시신이 마산 부둣가에 떠오르자 성난 민심은 드디어 폭발했다. 4월 19일, 전국의 학생과 시민들이 거리로 쏟아져 나왔다. 그리고 일주일 뒤 불법과 폭력으로 얼룩진 12년간의 이승만 독재는 분노한 시민들에 의해 비참하게 막을 내린다.

이승만 정권의 망령, 국가보안법

국가보안법의 탄생

이승만 정권이 이른바 '진보당사건'으로 조봉암을 사형시킨 일은 한국 정치사의 중요한 분기점이 되었다. 두 차례나 대통령 후보로 출마하고, 전 국민의 20퍼센트가 넘는 지지를 얻어낸 진보 혁신 세력의 지도자가 공안 조작 사건으로 형장의 이슬로 사라지면서 이후 수십 년간 진보 세력은 제도권 정치 안으로 진입하지 못했다. 한국 정치를 수구 독재 세력과 보수 야당 세력이라는 양대 구도로 재편하는 결과를 만들어낸 것이다. 그뿐 아니라 조봉암을 구속시킨 '국가보안법'은 이후 정권에 반대하는 인사들을 처벌하는 전가의 보도처럼 사용되어 한국의 민주화를 가로막는 장벽으로 기능했다.

국가보안법은 1948년 '내란행위특별처벌법'이라는 이름으로 처음 등장했다. 북한과 체제 경쟁을 벌였던 건국 초기에 혹시 있을지 모를 내란 행위를 방지하기 위한 목적이었다. 그러나 법안을 논의하는 도중 여순사건이 일어나 사회 전반적으로 좌익 세력에 대한 공포가 확산되면서 국가보안법으로 이름이 바뀐다. 내란행위특별처벌법이 국가보안법으로 변화하면서 본래 내란 행위에만 초점을 맞췄던 법안이 반국가 단체나 정당의 조직과 활동을 사전에 봉쇄하는 내용으로 변모해버렸다.[7]

친일 청산 VS 좌익 척결

국가보안법은 탄생 과정에서부터 많은 반대에 부딪혔다. 정치적 악용 가능성이 높아 많은 이들이 우려했던 것이다. 〈조선일보〉는 1948년 11월 14일 "국가보안법을 배격함"이라는 제목의 사설에서 "국가보안법은 광범하게 정치범 내지 사상범을 만들어낼 성질의 법안인 점에서 우리는 단호히 반대한다"라고 밝혔다. 〈동아일보〉 역시 국가보안법이 공포된 이후 "(국가보안법) 운용에 신중을 기하라"라는 제목의 기사에서 "이 법에 대해 위기를 품게 되는 것은 혹시 이 법을 남용하지 않을까 하는 점" "의식적 남용이 있다면 우리 (대한)민국은 괴뢰정권 지배 하의 북한처럼 암흑화하고 말 것"이라며 경고했다.

이런 반대에도 국가보안법이 제정된 것은 이승만의 강력한 의지와 국회 다수당인 한민당의 동의 때문이었다. 한민당은 이승만과 사이가 벌어진 상황이었는데도 자신들의 목을 죌 수 있는 국가보안법 제정에 찬성하고 나섰다. 많은 연구자들은 한민당의 이 행보를 두고 국가보안법 제정이 반민족행위처벌법과 반민특위로 대표되는 친일 청산 작업과 대척점에 있었다는 점을 지적한다. 친일 전력자가 다수 포함된 한민당이 '친일 청산' 바람에 맞서 '좌익 척결' 슬로건을 내건 국가보안법에 지지를 보냈다는 뜻이다.

실제로 당시 많은 국회의원은 국가보안법 제정으로 친일 관리 출신들이 애국 인사들을 탄압할 것이라는 불안감을 가지고 있었다. 한민당 노일환 의원은 "민족적 양심을 가진 애국지사가 이 법망에 걸려서 불순도배의 손에 쓰러지는 앞날을 역력히 보는 것으로 생각"한다면서 국가보안법 제정에 반대했으며, 무소속 조규갑 의원 등은 수정안을 제출해 법안 시행 기일을 "반민족행위처벌법 제5조가 완전 실시된 날"로 하자고 요청하기도 했다.

분단체제가 공고하게 자리 잡지 않았던 상황에서 국가보안법 제정이 평화통일을 향한 발걸음에 장애가 될 것이라 보는 이들도 많았다. 김구를 비롯해 민족통일정부 수립을 주장하는 세력이 적지 않았기에 국가보안법이 통일을 주장하는 목소리들을 탄압할 것이라는 비판이 자연스럽게 나올 수밖에 없었다.

이런 우려대로 1949년에만 11만 8621명이 국가보안법 위반으로 검거되거나 투옥되었고, 같은 해 9~10월 사이에는 132개의 정당과 사회단체가 해산당했다.[8] 국회프락치사건이나 부산정치파동 때도 국가보안법은 이승만 정권의 정치적 반대파를 잡아넣기 위한 도구로서 그 역할을 톡톡히 했다. 이처럼 이승만 정권이 '반국가'를 명목으로 내세워 반정부 인사들을 압살하자, 국가보안법 제정에 찬성한 한민당을 정치적 기원으로 두고 있는 민주당 역시 위기의식을 느끼지 않을 수 없었다. 그 결과 발생한 것이 바로 '보안법파동' 혹은 '2·4파동'이라 불리는 사건이다.

또 한 번의 날치기 2·4파동

'진보당사건'으로 조봉암과 혁신계 정치 세력을 제거한 이승만은 기세를 타고 제4대 대통령 선거를 위한 공안 정국을 조성하고자 했다. 1958년 11월 18일, 정부는 보안법 적용 대상을 확대하고, 군과 경찰의 권한을 늘리며, 이적 행위 개념을 확장시키는 등의 내용을 담은 전문 42조의 '국가보안법 개정안'을 국회에 제출한다. 이 개정안은 허위 사실 유포와 명예훼손 조항을 넣어 언론의 자유를 침해하고, 경찰 조서의 증거 능력을 인정해 막무가내 인신 구속의 우려를 확장시킨 반인권적 악법이었다.

이승만 정권과 자유당이 연내 법안 통과를 결의하자 민주당은 성명을 통해 "정부가 제출한 국가보안법안은 공산분자를 더 잡을 수 있는 이점보다는 언론의 자유를 말살하고 야당을 질식시키며 일반의 공사생활을 위협"할 우려가 있다고 지적했다. 아울러 '국가보안법개악반대투쟁위원회'를 구성해 전방위적 반대 투쟁에 나설 것이라고도 밝혔다.

그러나 자유당은 점심시간을 틈타 여당 의원들만 모인 법사위에서 3분 만에 법안을 통과시켰다. 격분한 민주당 의원들은 본회의 상정을 앞두고 의사당 점거 농성을 벌이지만 자유당 측이 무장경위 300여 명을 동원해 강제로 해산시킨다. 야당 의원 12명이 부상당하는 난투 끝에 자유당 의원들만 남아 국가보안법 개정안을 비롯한 10여 개의 법안을 통과시켰는데, 이 사건이 12월 24일에 벌어졌기 때문에 이를 '2·4파동'이라 부른다.

그동안 이승만은 대중적 인기를 등에 업고 외곽에서부터 국회를 압박해 법안을 관철시키곤 했다. 그러나 2·4파동은 그런 과정 없이 경찰력을 동원해 직접적으로 국회를 무력화했다. 이는 이승만 정권이 대중의 지지마저 상실해가고 있었다는 점을 잘 보여주는 지점이다.

국가보안법 70년, 그 화려한 역사

'반공을 국시'로 내세우며 5·16군사쿠데타로 집권한 박정희 역시 용공 조작으로 정치적 반대파들을 수없이 탄압했다. 박정희 정권은 국

국가보안법을 통과시키기 위해 국회 본회의장에 동원된 무장경관들.

가보안법에 그치지 않고 새롭게 반공법을 제정해 '반국가단체를 이롭게 하는 행위'라는 매우 광범위한 죄목으로 사람들을 잡아들였다. 인혁당사건, 민청학련사건, 울릉도간첩단조작사건 사례처럼 국가보안법과 반공법은 박정희 정권 내내 사법 피해자들을 양산하는 악법으로 쓰였다. 앞서 말한 대규모 용공 조작 사건만이 아니라, 평범한 소시민들이 취중에 농담한 것까지도 문제 삼아 반국가 혐의를 씌워 잡아간다고 해서 '막걸리 반공법' '막걸리 보안법'이라는 말이 유행할 정도였다.

전두환과 노태우 정권 아래에서도 국가보안법은 맹위를 떨쳤다. 영화 〈변호인〉을 통해 재조명된 부림사건은 신군부 시절 계엄법과 국가보안법을 위반했다는 이유로 피해자들을 불법 감금하고 고문한 대표적 용공 조작 사건이다. 심지어 문민정부가 출범한 이후에도 국가보안법은 적극적인 탄압 무기로 활용되었다. 김영삼 정권 5년 동안 국가보안법 위반으로 1200명이 넘는 사람이 구속되었다. 특히 PC통신의 등장과 맞물려 이미 신문이나 출판물에 버젓이 실려 있는 김일성 관련 글을 통신망에 올렸다는 이유로, 정부 발표에 의혹을 제기하는 글을 게재했다는 이유로 수많은 시민들이 구속되었다.

국가보안법이 사상의 자유를 가로막는 반인권적 악법이라는 국제사회의 비판이 쏟아지고, 과거사 진실 규명 활동으로 여러 용공 조작 사건의 실체가 밝혀지면서 국가보안법 폐지 논의가 활기를 띤 적도 있다. 2004년 텔레비전 방송에 출연한 노무현 전 대통령이 "국가보안법은 과거의 낡은 유물로 박물관에 보내야 한다"라고 발언하면서 국가보안법 폐지를 둘러싼 사회적 여론이 뜨거워진 것이다. 그러나 국가보안법을 폐지한 뒤 형법으로 보완하는 방안을 내세운 열린우리당과 국가보안법 개정을 내세운 한나라당 간의 의견 차이가 좁혀지지 않으면서 별다른 진전을 이루지 못했다.

이명박 정권 이후에도 국가보안법을 위반해 구속된 사람은 계속 늘어났다. 특히 2012년 북한 매체의 트위터 계정을 리트윗했다는 이유로 사진가 박정근이 구속당한 사건은 '막걸리 보안법'의 망령이 아직도 한국 사회를 맴돌고 있다는 사실을 환기해주었다. 미국의 〈CNN〉,

프랑스의 〈르몽드〉 같은 주요 외신도 이 사건에 주목해 "남한에서는 농담만으로도 감옥에 갈 수 있다."[9] "한국 국가보안법은 진보 세력들을 탄압하는 수단으로 쓰이고 있다"[10]라고 비판했다.

국가보안법을 둘러싼 논쟁은 현재진행형이다. 2015년 한 해 동안 구속된 국가보안법 위반 사범의 숫자는 26명에 달한다. 이석기 내란 음모사건, 통합진보당 해산사건 등 국가보안법과 관련된 정치적 쟁점들이 매년 정국을 뜨겁게 달구고 있다. 2015년 11월, 유엔자유권규약위원회UNHRC는 〈대한민국 정부의 '시민적ㆍ정치적 권리에 관한 규약' 제4차 보고서 심의 결과에 대한 최종 견해〉를 발표하면서 "대한민국이 국보법 7조에 근거해 계속적인 기소를 함으로써 국민들의 표현의 자유를 위축시키고 있다는 우려가 있는 만큼 폐지하기 바란다"라며 권고했다. 애당초 기한을 한정했던 '특별법'으로 출발한 국가보안법이 날치기 입법 같은 비상식적 수단을 통해 독재 정권을 유지하는 데 필요한 무기로 70년 가까이 존속하고 있다는 것 자체가 문제라는 지적 또한 끊임없이 나오고 있다.

3장

군사작전을 방불케 한 삼선개헌 날치기

민주적이고 합법적으로 들어선 제2공화국

4·19혁명은 이승만 정권의 불의한 권력 행사에 맞서 국민이 행사한 저항권의 표출이었다. 12년 동안 지속된 이승만 독재는 시민들의 힘 아래 무너져내렸다. 대통령 이승만이 전권을 쥐고 있으면서 국회 다수당인 자유당이 날치기를 일삼았던 통치체제는 철저히 부정당했다. 그런 배경 아래 1960년 6월 15일 공포된 새 헌법은 국민의 기본권을 보장하고, 내각제를 통해 안정을 도모하며, 다수당의 전제를 방지하는 것을 제일의 목표로 삼았다.

1960년의 헌법 개정은 헌정 사상 최초로 민주적이고 합법적으로 진행된 개헌이었다. 부산정치파동으로 강행된 발췌개헌, 눈속임으로 이뤄진 사사오입개헌과 달리 국회에서 토론을 거친 다음 의원 대다수의 찬성으로 성립되었기 때문이다. 내용 역시 권력의 분립과 상호 견제라는 원칙이 상당 부분 뿌리 깊게 관철되어 있었다. 선거 연령 인하, 공무원의 정치적 중립, 기본권 훼손 금지, 언론·출판과 집회·결사의 자유 보장, 정당 보호 및 위헌 정당 해산 등 국민의 정치적 권리를 보장하는 장치들이 마련되었고, 국회의 정부 불신임권, 정부의 국회 해산권, 헌법재판소 신설 등으로 입법, 사법, 행정부 간의 상호 견제가 가능해졌다. 또 양원제를 통해 입법부 내부의 전제를 막고, 대통령 간선제를 통해 행정부의 전횡을 견제하며, 사법권 독립을 위해 대법원장과 대법관을 법관 자격이 있는 사람들의 자체 선거를 통해 선출하도록 제도화했다. 그뿐 아니라 헌법기관으로 중앙선거관리위원회를 신설해 끊임없이 반복되었던 부정·부실 선거의 문제를 책임 있게 방지하고자 했다.

3차 개헌 이후 치러진 총선은 민주당의 압승으로 끝났다. 민주당은 175석을 차지했고 무소속이 49석으로 그 뒤를 이었다. 혁신계 세력인 사회대중당이 4석, 자유당이 2석을 차지하는 등 민주당은 여당이자 다수당으로서 내각제 정부를 이끌어갈 책임과 의무를 지게 되었다. 그런데 경쟁 대상이었던 자유당이 몰락하고 견제 역할을 맡아야 할 혁신계 정당이 힘을 잃은 상황에서 민주당은 곧 내부 계파 갈등에 휘말린다. 윤보선을 필두로 한 구파와 장면을 지도자로 내세운 신파의 갈등이 본격화된 것이다. 윤보선 대통령, 장면 국무총리로 일견 정치적 합의가 이뤄진 것처럼 보였지만, 윤보선과 구파는 실권이 없는 대통령직에 만족하지 않았다. 그리고 이는 자잘한 긴장과 갈등으로 표면화되기 시작했다.

정치권이 구파와 신파의 갈등으로 혼란스러운 가운데 사회적으로는 통일운동이 거세게 일었다. 4·19혁명의 주역이었던 대학생들을 중심으로 이승만 시기의 반공 북진통일 이데올로기를 거세게 비판하며 평화통일을 주장하는 움직임이 나타난 것이다. 이들은 "오라 남으로, 가자 북으로!"라는 구호를 외치며 판문점에서 남북학생회담을 열겠다고 발표했다. 그러나 장면 정권은 '선건설 후통일론'을 내세우며 경제성장을 통해 체제 우위를 점하는 것이 먼저라고 반박했다. 이런 관점은 이후 박정희 정권으로까지 이어지며 민간 주도의 통일운동을 제약하고 탄압하는 논리로 변질되어버린다.

'스튜던트 파워'는 통일운동에만 그친 게 아니었다. 이승만 정권 시절의 학생 통제 조직인 학도호국단이 해체되고 학생들의 자치 조직인 학생회가 속속 등장하면서 대학생들의 사회적·정치적 움직임은 더욱 활발해졌다. 결국 이들은 1960년 10월 11일 국회의사당을 점거해 민주당의 계파 싸움을 비판하고, 이승만 시절의 구악 척결을 골자로 하는 혁명 입법에 나설 것을 촉구했다. 장면 정권은 부랴부랴 3·15부정선거와 관련한 반민주행위자와 부정축재자를 처벌하기 위한 헌법적 근거를 마련하기 위해 3차 개헌이 공포된 지 반년도 채 지나지 않은 상황에서 4차 개헌에 나서는 촌극을 벌인다. 4차 개헌 내용은 반민주행위자와 부정축재자를 수사하고 처벌하기 위해 특별검찰부와 특별재판소를 설치하고 특별법을 제정한다는 것이었다. 그러나 4차 개헌은 훗날 형벌불소급 원칙을 무시한 소급입법이라는 비판을 받는다.

정치권이 어수선한 가운데 한편에서는 군부 일각이 요동치고 있었다. 부산정치파동을 다루면서 언급했듯이 한국전쟁을 거치면서 효율적이고 강력한 조직으로 부상한 군부는 정치 개입을 준비 중이었다. 당시 군 장교들은 한국 사회의 최고 엘리트 집단이었다. 대학의 수가 적고 고등교육정책이 제대로 뿌리내리지 못한 상황에서 사관학교는 국가가 보증하는 엘리트 코스나 다름없었다. 그뿐 아니라 임관 뒤에도 미군과 지속적으로 협력하면서 해외로 유학하거나 영어 교육 같은 고급 교육을 받을 수 있었다. 그런데 한국전쟁 직후 인사 적체가 심각해지면서 승진에서 멀어진 청년 장교 집단의 불만이 점차 누적되었다. 제3세계를 중심으로 청년 장교들의 군사정변이 발발하던 시대 상황 역시 이들의 야심을 부추기는 배경이 되었다. 그런 와중에 장면 정권은 경제개발을 위한 재원을 확보할 생각으로 군을 감축하려 했고, 결국 이는 5·16군사쿠데타로 이어지는 기폭제 역할을 한다.

5·16군사쿠데타와 5차 개헌

육군사관학교 5기와 8기생들이 주축이 된 영관급 장교 20여 명은 야심가로 알려진 박정희 소장을 내세워 군사쿠데타를 계획했다. 돌이켜 봤을 때 5·16군사쿠데타는 상당히 어설픈 계획이었다. 쿠데타 주역이었던 김종필이 "길을 나서는 우리의 마음은 무겁기만 했다. 거사 비밀이 누설됐기 때문"이라 회고할 정도로, 쿠데타 계획은 이미 정가에 파다하게 퍼져 있었다. 동원할 수 있는 병력도 3000여 명에 불과한데다 미국이 정변에 강하게 반대하는 상황이었다. 이 어설픈 계획이 성공하고 이후 장기 군부독재로 이어졌다는 것은 역사의 아이러니라 할 수 있다.

　내각제 아래서 실권이 없는 대통령이었던 윤보선은 5·16쿠데타를 계기로 실권을 잡고자 했기에 제대로 된 진압 명령을 내리지 않았다. 진압 책임자인 장도영 육군참모총장 역시 지도자가 되어달라는 쿠데타 세력의 끊임없는 설득에 반신반의했던 것으로 보인다. 국무총리 장면은 쿠데타에 대한 정확한 정보를 보고받지 못하고 수녀원에 은거해 나타나지 않았다. 보다 못한 미8군이 쿠데타 진압에 나서려 했으나 대통령 윤보선은 유혈사태가 일어나지 않길 바란다며 진압을 거부했고, 국무총리 장면은 한동안 모습을 보이지 않아 쿠데타가 성공할 수 있었던 것이다. 4·19혁명으로 어렵게 쟁취한 민주화의 열매가 정치 지도자들의 잘못된 판단으로 일 년 만에 무너지는 순간이었다.

박정희는 쿠데타 직후 국가재건최고위원회를 조직해 전국에 비상계엄을 선포하고 국회를 해산했다. 이듬해 국가재건최고위원회는 헌법개정특별심의위원회를 구성하고 개헌안을 마련했다. 개헌안은 대통령중심제로 회귀하고, 단원제를 실시하며, 국가 주도의 경제발전전략을 명시하는 것이 골자였다. 곧 5차 개헌은 경제성장과 개발이라는 목표를 내세우면서 쿠데타 세력에 정당성을 부여하고, 권위주의적 통치의 문제점을 덮고자 추진된 것이다. 국회를 해산한 상황에서 헌정사상 최초로 국민투표를 실시해 확정된 5차 개헌안은 1962년 12월 26일 공포되었다. 내각책임제 정부에 채 익숙해지기도 전에 민주당 정권의 계파 싸움에 질린 국민들이 권위주의적 대통령제로 회귀하는 데 찬성한 것은 한국 정치사에서 안타까운 장면이다. 결국 5차 개헌은 이후 50년 넘도록 내각책임제 대신 대통령중심제가 유지되는 결과로 이어졌다.

18년 장기 집권의 서막

1963년 10월 15일, 제5대 대통령 선거가 실시되었다. 쿠데타 세력의 민정 이양 뒤 실시된 선거는 박정희와 윤보선의 대결로 압축되었다. 윤보선은 박정희의 남로당 전력을 문제 삼아 색깔론을 펼치는 등 군부 세력의 집권을 저지하기 위해 노력했지만 득표율 1.5퍼센트포인트 차이로 패배한다. 이로써 '박정희 시대'가 본격적으로 펼쳐진다.

박정희 정권은 출범 초기부터 국민적 반대에 부딪힌다. 한일국교정상화를 위한 한일회담이 문제가 된 것이다. 대일 청구권 문제를 놓고 중앙정보부장 김종필과 일본 외무상 오히라 마사요시가 주고받은 '김·오히라 메모'가 언론에 알려지면서 '굴욕 회담'이라는 여론이 들끓기 시작했다. 일본의 사과와 반성, 그리고 독도 영유권 문제에 대한 명확한 합의 없이 일본과 국교를 정상화한다는 것은 반일 감정이 거세게 남아 있던 국민들에게는 용납되지 않는 일이었다. 대학생들을 중심으로 격렬한 반대 시위가 일어나 '민족적 민주주의 장례식'이 열리는 등 박정희 정권에 대한 규탄이 끊이지 않았다. 이른바 6·3항쟁이 일어난 것이다. 박정희 정권은 경찰과 계엄군을 투입해 시위를 진압했는데, 이런 박정희 정권의 폭력적 진압은 야당과 재야 세력이 박정희 정권의 반민주성을 비판하고 반대 투쟁을 이어나가는 중요한 계기가 되었다.

박정희 정권은 경제개발과 체제 정당성 확보를 위해 미국과 일본의 경제적 지원과 정치적 승인이 필요했다. 경제개발에 필요한 차관을 얻으려고 굴욕 협상이라는 비판에도 불구하고 한일국교정상화를 강행한 것에 이어, 미국의 요청에 따라 베트남 전쟁에 전투부대를 파병했다. 베트남 파병은 한미동맹을 강화하고 경제성장의 동력을 마련하는 계기가 되었지만, 냉전체제의 대리전에 개입해 전쟁 피해자들을 양산한 역사적 과오를 남긴 일이기도 했다.

박정희 정권은 대일 청구권 자금과 미국의 경제원조를 밑거름으로 장면 정권 시절부터 계획되었던 '1차 경제개발 5개년 계획'을 실시한다. 1차 5개년 계획은 일차산업의 발전에 중점을 둔 계획이었는데 기대 이상으로 경공업 부문의 수출이 늘어나면서 연평균 8.5퍼센트라는 엄청난 경제성장률을 달성했다. 이에 2차 5개년 계획부터는 수출 주도 성장과 공업 생산 증진을 목표로 한 경제개발 계획이 실시된다. 냉전체제 속에서 미국과 일본 등 우방국들로부터 외자를 도입하고, 베트남 전쟁 특수로 수출이 증대되면서 한국 경제는 고도성장의 길을 걷는다. 그러나 수출 공업화를 위해 저임금·저곡가·장시간 노동 정책을 추진한 것은 한국 경제의 재벌 독과점과 양극화라는 부작용을 낳았다.

박정희의 권력에 대한 집착

1967년 열린 제6대 대통령 선거는 또다시 박정희와 윤보선 두 유력 후보의 맞대결이었다. 민주당 신구파의 갈등과 분열로 한동안 사분오열하던 야당은 박정희의 재집권을 저지하겠다는 목표 아래 신민당으로 뭉친다. 이후 신민당은 신군부에 의해 강제로 해산되기까지 십수 년간 여당인 민주공화당의 강력한 경쟁자로 자리 잡는다. 제6대 대통령 선거는 지역주의 전략이 본격적으로 동원된 선거로, 윤보선이 내세운 '색깔론'에 맞서 박정희는 영남 지역주의를 자극하는 방식을 이용했다. 결과는 51.4퍼센트를 득표한 박정희의 승리였다. 박정희가 내세운 경제성장이라는 성과에 윤보선이 제대로 대응하지 못한 결과였다.

공화당의 승리는 대통령 선거에만 그친 게 아니었다. 곧이어 진행된 제7대 총선에서 공화당은 129석을 획득하며 전체 의석의 74퍼센트를 장악했다. 그러나 공화당의 압도적 승리는 관권 부정선거에 따른 것이었다. 전국적으로 부정선거 규탄 시위가 끊이지 않자, 박정희는 꼬리 자르기 식으로 부정선거 시비가 일어난 공화당 의원 8명을 제명하고 동백림사건 같은 공안 몰이를 통해 여론을 환기하려 했다.

대통령 재선에 이어 국회마저 장악한 박정희는 여기에 만족하지 않고 장기 집권을 위한 길을 고민한다. 1969년이 밝자 민주공화당 의장 서리 윤치영과 민주공화당 사무총장 길재호 등은 "조국 근대화와 조국 중흥을 위해 강력한 리더십이 필요하다"라고 발언함으로써 삼선개헌의 물꼬를 튼다. 5·16군사쿠데타의 주역이자 박정희 정권의 2인자였던 김종필은 차기 대권을 노리고 있었기에 삼선개헌에 반대했으나, 박정희는 이른바 '4·8항명'을 계기로 김종필계 인사들을 제명하며 당내 반대파를 제압해버렸다. 신민당이 제출한 권오병 문교부장관 해임 건의안에 찬성표를 던진 공화당 내 항명 인사들을 색출하겠다는 명목이었지만, 실질적으로는 삼선개헌에 반대하는 김종필 계열을 제거하는 것이 박정희의 본뜻이었다. 상황이 이렇게 흘러간 이상 김종필 역시 박정희의 의지에 따를 수밖에 없었다.

공화당을 중심으로 삼선개헌 움직임이 본격화되자 야당인 신민당은 삼선개헌 반대 투쟁에 나서지만 원내 절대 다수를 공화당이 장악한 상황에서 할 수 있는 일이 별로 없었다. 그러던 중 6월 20일 신민당 원내총무 김영삼이 초산 테러를 당한다. 강경하게 삼선개헌 반대에 나섰던 김영삼이 괴한들에게 습격당하자 신민당은 이를 박정희 정권과 중앙정보부의 공작으로 규정하고 재야 세력과 연계해 개헌 반대

1969년, 박정희의 삼선을 목적으로 행해진 제6차 개헌을 홍보하기 위해 제작된 책자.

장외 투쟁을 본격화한다. 곧이어 전국 대학가에도 삼선개헌 반대 집회가 연쇄적으로 확산되었다. 특히 대구와 경북에서 삼선개헌 반대 투쟁이 격렬했다는 점은 특기할 만하다. 계명대, 경북대 학생들의 시위를 시작으로 대구고, 대륜고, 경북고 등 고등학생들까지 시위에 참여한 것이다. 개헌 반대 시위에 참여한 고등학생들은 학교에서 징계를 받거나 퇴학을 당하기도 했는데, 학생들에게 내려진 가혹한 징계는 대구 지역의 민심을 뒤흔든 계기가 되었다. 삼선개헌 반대 투쟁에 전국 학생들이 속속 결합하기 시작하자 박정희 정권은 전국 대학과 중·고등학교에 휴교령을 내리고 조기 방학을 지시했다.

전국의 학교들이 일찍 방학을 맞이하고 학생들의 반대 시위가 잦아들면서 박정희는 공개적으로 삼선개헌 의지를 피력했다. 7월 25일, 박정희는 이른바 '7·25특별담화문'을 통해 삼선개헌에 대한 입장을 밝힌다. 야당의 개헌 반대 투쟁은 반정부, 반국가적이라는 원색적 비난과 함께 "개헌 문제를 통해 나와 이 정부에 대한 신임을 묻겠다"라는 폭탄선언을 한 것이다. 삼선개헌에 반대하는 것은 곧 박정희에 반대하는 것이라는 논리로 장기 집권에 부정적인 여론을 박정희에 대한 찬반 이분법으로 나눠 돌파하겠다는 발상이었다.

새로운 날치기 기술의 등장

7·25특별담화 이후 박정희의 행보는 마치 군사작전을 방불케 했다. 8월 20일, 박정희는 미국으로 출국하는데, 이는 미국이 박정희를 지지하고 있다는 여론을 불러일으키기 위한 제스처였다. 또 '신임 투표'라는 표현으로 경제 발전의 공을 내세우며 개헌 지지 여론을 결집시켰다. 개헌 반대파는 자연스럽게 '반정부 세력'이 되었고, 박정희 정권은 야당이 반정부 발언을 일삼고 있다는 흑색선전으로 개헌 반대파를 몰아붙였다. 한편으로는 개헌을 빨리 마무리짓기 위해 공화당 의원들을 다잡으면서 일부 신민당 의원들을 포섭하기까지 했다. 개헌을 위한 사전 준비를 신속하게 마친 것이다.

9월 정기국회가 개회되자 공화당은 "개헌안을 질의와 대체 토론 없이 다수당이 취할 수 있는 최선의 방법으로 처리하겠다"라고 밝힌다. 야당의 반대 의견을 무시하고 어떤 수를 써서라도 개헌을 강행하겠다는 의사표시였다. 신민당은 공화당에 포섭된 자당 의원들의 의원직을

1969년, 국회 본회의장을 점거하고 삼선개헌 반대 시위 중인 신민당 의원들.

박탈하기 위해 당을 일시 해체하는 강수를 두면서 이에 맞섰다. 한편, 새로운 학기를 맞이한 대학가는 다시 삼선개헌에 반대하는 학생들로 들끓기 시작했다. 서울대 학생들은 3일 동안 집단 단식농성을 벌이는 것으로 반대 여론을 결집하고자 했다. 이런 움직임에 힘입어 신민당은 9월 13일 국회 본회의장을 점거하고 실력 저지에 나선다.

9월 14일 일요일 새벽 2시, 국회 제3별관 특별 회의실로 공화당 의원들이 하나둘 모이기 시작했다. 신민당의 본회의장 농성으로 정상적인 표결이 어려울 것으로 보고 변칙적으로 개헌안을 처리하고자 한 것이다. 공화당 내부에서 삼선개헌에 회의적인 의원들이 적지 않았기에 반란표를 막기 위한 분위기를 조성하려는 의도도 있었다. 전날 밤부터 공화당 의원들은 시내 곳곳에 흩어져 대기했다. 치밀하게 준비된 날치기였다. 비밀리에 일을 처리하기 위해 국회의사당 주변 가로

등마저 꺼놓았고, 제3별관 역시 행여나 불빛이 새어나가 일을 그르칠까봐 전등 스위치를 내려놓은 상황이었다. 사복 경찰 수백 명은 보안을 유지하기 위해 별관 출입을 통제했다.

새벽 2시 27분, 삼삼오오 조를 이뤄 모여든 개헌 찬성파 의원 122명이 회의실에 모두 입장했다. 국회의장 이효상은 본회의장 장소 변경을 결의한 뒤 곧바로 개회를 선포했고, 개헌안 투표가 완료되기까지 채 30분도 걸리지 않았다. 결과는 전원 찬성이었다. 야당 의원들이 이 사실을 알게 된 것은 이미 개헌안이 처리된 뒤였다.

공화당이 야간에 표결에 나설 것이라는 정보를 입수한 신민당 의원들은 새벽까지 깨어 국회 본회의장을 철통같이 지켰지만 본회의장이 아닌 별관에서 기습에 나설 것이라고는 전혀 예측하지 못했다. 본회의 장소를 옮기기 위해서는 모든 의원들에게 미리 통보해야 하지만 이런 통보 절차는 생략되었고, 일요일에 본회의를 열기 위해서는 국회의원들의 결의가 필요한데 이 결의 절차마저도 공화당 의원들끼리 해치워버린 것이다. 신민당 의원들은 망연자실할 수밖에 없었다.

1969년의 국민투표 풍경

1962년 5차 개헌 당시 헌법 개정은 국민투표를 통해 확정한다고 정해놓았기 때문에 삼선개헌안 날치기로부터 한 달 뒤인 10월 17일 국민투표가 실시되었다. 각 대학마다 일요일 새벽 날치기 개헌안 통과에 항의하는 시위가 벌어졌지만 박정희 정권은 38개 대학에 휴교령을 내려 이를 봉쇄했다. 또 모든 행정력을 동원해 국민투표를 성사시

1969년, 삼선개헌에 반대하는 시위대와 대치 중인 전투경찰들.

키려고 노력하는 한편, 부정선거를 획책해 투표율을 끌어올리려 시도
했다. 신민당은 국민투표 보이콧운동을 검토했지만, 워낙 부정선거
가능성이 높았고 국민투표에 반대하는 모양새 역시 좋지 않았기에 울
며 겨자 먹기로 부결운동에 나설 수밖에 없었다.

　그러나 야당의 갖은 노력에도 불구하고 총 유권자 1500만 명 가운
데 1160만 명이 참여해 77퍼센트의 투표율을 보인 개헌 국민투표는
찬성 67.5퍼센트, 반대 32.5퍼센트로 가결되었다. 전국적으로 찬성표
가 우세를 보였지만 서울에서만큼은 반대표가 찬성표를 살짝 앞질렀
다. 신민당은 "불법적 강압 투표였다"라며 투표 결과에 반발했지만,
박정희 정권은 이에 아랑곳하지 않고 전면 개각을 통해 여론의 시선
을 다른 곳으로 돌렸다.

대통령 선거에서부터 삼선개헌에 이르기까지 신민당은 번번이 박정희와 공화당에 패배했다. 이는 박정희 정권의 강압과 반민주적 통치 탓이기도 했지만, 야권이 통합되었는데도 과거 민주당 시절의 체질을 버리지 못하고 국민들에게 대안을 내놓지 못한 신민당의 실책 때문이기도 했다. 특히 민주당 구파 출신으로 신민당 당수에 오른 유진산은 계파 갈등 과정에서 공화당으로부터 뇌물을 받았다는 비판을 받는 등 청렴하지 못한 낡은 이미지를 가진 정치인이었다. 박정희 정권 역시 유진산의 이런 부분을 잘 알고 있었기에 그가 신민당 당수에 선출되도록 정치공작을 벌이는 등 야당의 약점을 파고들었다.

　이런 상황에서 삼선개헌을 막아내지 못하고 박정희의 독재 야욕이 노골화되기 시작하자 야당 내부의 쇄신이 필요하다는 여론이 점차 강해졌다. 지난 대선에서 낡은 얼굴인 윤보선이 재차 출마했다가 박정희에게 큰 표 차이로 패배한 전철을 밟아서는 안 된다는 비판이었다. 쇄신 요구 속에서 새롭게 떠오른 두 정치인이 있었다. 바로 초산 테러 사건으로 박정희 최대의 정적으로 이름을 알린 김영삼과 신민당 대변인을 맡으면서 달변의 연설가로 인기를 얻은 김대중이었다.

4장

국가보위법 날치기와 10월유신

초헌법적 권한을 갖게된 대통령

1971년 12월 6일, 대통령 박정희는 국가비상사태를 선포하는 특별담화문을 발표한다. "최근의 국제정세와 북괴의 동향을 면밀히 분석, 검토, 평가한 결과 지금 우리 대한민국의 안전보장은 중대한 위기에 처해 있다고 판단되어 오늘 전 국민에게 이를 알리는 국가비상사태를 선언"한다는 내용이었다. 그리고 보름 뒤인 12월 27일, 야당의 강력한 반대에도 불구하고 '국가보위에관한특별조치법'(국가보위법)이 공화당 의원들의 주도로 날치기 처리된다. 국가보위법의 목적은 "비상사태하에서 국가의 안전보장과 관련되는 내정, 외교 및 국방상 필요한 조치를 사전에 효율적이며 신속하게 취함"에 있다. 다시 말해 국가보위법은 5·16쿠데타에서부터 10월유신에 이르기까지 끊임없이 '비상사태'를 꺼내들며 독재 권력을 유지하려 했던 박정희 정권의 성격을 극명하게 보여주는 법안이었다. 국가보위법에 따르면 대통령은 국회의 동의 없이 국가비상사태를 선포할 수 있다. 비상사태가 선포되면 대통령은 국가 동원령을 내릴 수 있고, 동원 대상 지역의 토지와 시설을 수용할 수 있다. 그뿐 아니라 헌법에 규정된 집회와 시위, 언론과 출판의 자유를 통제할 수 있고, 노동권으로 명시된 단체행동권마저도 규제가 가능하다. 대통령 재량에 따라 시민의 기본권을 제약

할 수 있도록 적시한 국가보위법은 대통령에게 초헌법적 권한을 부여하는 것이나 마찬가지였다.[11]

장기 집권을 위한 초석

박정희가 국가비상사태를 선포하고 국가보위법을 제정한 배경은 무엇이었을까? 그것은 냉전의 완화, 곧 '데탕트'라는 시대적 흐름이었다. 1968년, 베트남전쟁 조기 종식을 공약으로 내건 리처드 닉슨이 미국 대통령으로 당선되는데, 이듬해 닉슨은 해외 순방 도중 '닉슨독트린'을 발표한다. '베트남전의 베트남화'라는 표현으로 대표되는 닉슨독트린은 "아시아 국가들의 안보는 아시아 국가들 스스로 책임져야 한다"는 내용이었다. 바꿔 말해서 미국은 베트남전쟁의 실패를 거울삼아 앞으로 아시아 국가들에 대한 직접적 군사 개입을 피하겠다고 선언한 것이다. 미국이 아시아에서 감당하던 군사적 부담을 줄이고, 아시아 국가들이 자립적으로 안보체제를 구축할 것을 촉구한 '닉슨독트린'은 미국의 한반도 정책에도 큰 영향을 주었다. 실제로 1971년 3월, 주한미군 병력 2만 명이 한반도에서 철수한다. 닉슨의 뒤를 이은 카터 정권 역시 주한미군의 전면 감축을 추진하면서 1970년대 내내 미국은 박정희 정권과 갈등을 빚는다.

1972년, 닉슨 대통령은 중국과 소련을 연달아 방문하면서 '데탕트'를 이끌어가는데, 특히 1971년부터 시작된 이른바 '핑퐁 외교'는 미·중 관계 개선에 큰 도움이 되었다. 미·중 관계 개선은 결과적으로 중국의 유엔 가입으로 이어진다. 이런 닉슨의 행보는 냉전의 공포가 아

國家非常事態宣言

最近 中共의「유엔」加入을 비롯
한 諸國際情勢의 急變과 이의 韓
半島에 미치는 影響 및 北韓傀儡
의 南侵準備에 狂奔하고 있는 諸
樣相들을 政府는 銳意注視 檢討
해본 結果, 現在 大韓民國은 安全
保障上 重大한 次元의 時點에 當
해 있다고 斷定하기에 이르렀다.
  따라서 政府는 國家非常事態를
宣言하여 온 國民에게 이 事實을
알리고 다음과 같이 政府와 國民
이 渾然一體가 되어 이 非常事態
를 克服할 決意를 새로이 할 必要
를 切感하여 이에 宣言한다.

다   음

1. 政府의 施策은 國家安保를 最
   優先으로 하고 早速히 萬全의
   安保態勢를 確立한다.
2. 安保上 脆弱點이 될 一切의 社
   會不安을 容納하지 않으며 또
   不安要素를 排除한다.
3. 言論은 無責任한 安保論議를
   삼가 해야 한다.
4. 모든 國民은 安保上 責務遂行
   에 自進 誠實하여야 한다.
5. 모든 國民은 安保爲主의 새 價
   値觀을 確立하여야 한다.
6. 最惡의 境遇 우리가 享有하고
   있는 自由의 一部도 留保할 決
   意를 가져야 한다.

1971年 12月 6日

大統領 朴 正 熙

1971년, 국가비상사태를 선포하는 박정희 대통령의 특별담화문.

닌 대화와 타협의 시대를 열었다는 점에서 세계사적 의미가 있었지
만, 박정희 정권에게는 위기감을 주는 행동이었다. 박정희 정권은 냉
전이라는 패러다임 속에서 '반공' 슬로건을 내세웠기에 오랜 기간 유
지될 수 있었다. 5·16쿠데타가 미국의 사후 승인을 받을 수 있었던
것도 바로 '반공' 이데올로기 때문이었고, 장기 집권을 할 수 있었던
기반이 된 경제성장 역시 동아시아의 냉전 관계 속에서 한일회담과
베트남전쟁 파병을 통해 미국과 일본으로부터 경제 원조를 이끌어냈
기에 가능했다. 그러나 국제 정세가 바뀌면서 더이상 박정희 정권의
극우 반공 노선은 미국에게 환영받지 못했다. 박정희는 남베트남과
대만이 미국에게 버림받는 모습을 보며 위기의식을 갖게 되었고, 미
국의 주한미군 감축 계획으로 한국이 공산화될지 모른다는 두려움에

사로잡혀 있었다. 군사 안보를 강조하던 독재 정권에게 안보 공백에 따른 사회 혼란은 무시할 수 없는 부분이었다. 이처럼 국제 정세가 유리하게 흘러가지 않는 상황에서 박정희가 선택한 자구책은 국가비상사태를 선포해 권력을 더욱 굳건히 장악하는 것이었다.

1971년 대선과 김대중 돌풍

이런 배경에서 박정희는 국가비상사태 선포하고 국가보위법 제정을 강행한 데 이어 1972년에는 그 유명한 '10월유신'을 단행한다. 노골적으로 대의제 정치를 무력화하는 반민주적 수법을 통해 독재 권력을 강화해나간 박정희는 더이상 민주 선거를 통해 집권을 연장하기 어렵다는 판단을 내린다. 이를 증명하듯 1971년 제7대 대통령 선거와 제8대 국회의원 선거 결과는 민심이 박정희 정권의 편이 아니라는 것을 보여주었다.

　야당인 신민당은 고질적 계파 갈등으로 확고한 지도력을 세우지 못한 채 1960년대 내내 박정희 정권에 휘둘렸다. 그러나 1971년 대통령 선거를 전후로 공화당의 무시할 수 없는 라이벌로 부상한다. 특히 신민당의 대선 후보 경선에 등장한 이른바 '40대 기수론'은 신민당을 젊고 참신한 이미지로 쇄신하는 데 큰 역할을 했다. 1969년 11월, 42세의 김영삼이 대통령 선거 출마를 선언하면서 내세운 '40대 기수론'은 같은 40대였던 김대중과 이철승이 경선에 참여하면서 더 설득력을 갖는다.

　김영삼과 김대중을 비롯해 40대 기수론을 내세웠던 이들의 논리는

"젊은 집권 세력과 싸우기 위해서는 야당 역시 젊어야 한다"는 것이었다. 5·16쿠데타 이후 권력을 장악한 군부 출신 여당 정치인들은 야당 정치인들보다 훨씬 젊었다. 박정희 정권에서 요직을 맡은 이들은 대부분 40대 중반이었던 반면, 신민당 당수 유진산은 60대 중반이었고, 대통령 선거에서 두 차례 박정희와 맞붙었던 윤보선은 박정희보다 무려 스무 살이 많았다. 젊은 여당과 늙은 야당의 구도였던 것이다.

그뿐 아니라 야당은 이승만 정권 시절 대통령 후보였던 신익희와 조병옥이라는 두 후보를 선거 직전 갑작스레 떠나보낸 바 있다. 지도자가 노쇠하면 언제 세상을 떠날지 모르기에 50대인 박정희를 상대하기 위해서는 젊은 후보를 배출해야 정권 교체를 이룰 수 있다는 것이 40대 기수론의 논지였다.

40대 기수론의 선두주자이자 당내 중진이었던 김영삼은 신민당 대선 경선 1차 투표에서 최다 득표를 했지만, 2차 투표 직전 이철승이 김대중 지지를 호소하면서 결국 신민당 비주류였던 김대중이 대선 후보로 선출되는 이변이 일어났다. 젊고 참신한 이미지와 훌륭한 언변을 두루 갖춘 김대중은 선풍적 인기를 끌었다. 김대중은 박정희가 내세운 경제성장 성과에 대해서는 노자공동위원회·부유세 같은 경제 분배 정책으로 맞섰고, 반공과 국가 안보와 관련해서는 남북 교류와 '한반도 4대국 안전보장론'으로 대응하면서 치열한 공방을 펼쳤다. 특히 김대중은 선거운동 도중 "이번 선거에서 박정희가 당선되면 총통제가 시행될 것"이라며 10월유신을 예견기도 했다.

그럼에도 야당은 전세를 뒤집지 못했다. 제7대 대통령 선거에서 김대중은 득표율 8퍼센트포인트, 약 95만 표 차이로 아슬아슬하게 패배한다. 그러나 중앙정보부가 아니었다면 김대중이 당선되었을 것이라는 얘기가 나돌 정도로 조직적 부정선거가 의심되는 선거였다. 실제로 신민당은 대선 한 달 뒤 진행된 국회의원 선거에서 대도시를 중심으로 높은 지지율을 얻으면서 개헌 저지선인 89명을 당선시켜 박정희 정권을 긴장하게 만들었다.

신민당이 제1 야당으로 확고하게 입지를 굳힌 것은 김대중과 김영삼이라는 두 정치인의 대중적 인기도 한몫했지만, 1960년대 내내 경제개발이라는 미명 아래 희생된 서민 노동자들의 사회적 불만이 투영된 것이기도 했다. 1971년 대선을 전후로 고도성장의 문제점이 드러나는 사건이 하나둘 발생하기 시작한다.

1970년 4월 8일 일어난 와우아파트 붕괴사고는 급속한 도시화가 낳은 비극이었다. 서울 인구가 팽창하면서 서울시는 시민아파트를 대규모로 공급할 계획을 세운다. 당시 서울 시장 김현옥은 '불도저'라는 별명처럼 무허가 주택들을 철거해버리고 그 자리에 아파트를 지어 올렸다. 그런데 단기간에 많은 아파트를 건설하다 보니 부실 날림 공사가 난무했다. 준공 4개월 만에 무너진 와우아파트 역시 그런 아파트 가운데 하나였다.

1970년 11월 13일, 청계천 평화시장 앞에서는 재단사 전태일이 분신한다. 그가 분신하며 외쳤던 "근로기준법을 준수하라! 우리는 기계가 아니다!"라는 발언은 저임금 장시간 노동으로 착취받던 노동자들의 현실을 대변하는 것이었다. 전태일의 분신은 한국 노동운동이 각성하는 계기가 되었고, 이후 노동운동은 유신 독재에 맞서는 민주화 세력의 한 축으로 성장한다.

무허가 주택 옆으로 건설 중인 시민아파트.

1971년 8월에 발생한 광주대단지사건 역시 산업화와 도시화의 그늘 아래 가려진 빈민들의 비참한 삶을 보여주는 사건이었다. 도시재개발사업으로 광주대단지로 강제 이주당한 철거민들은 일자리도 없고 교통시설도 부족한 이주지에서 처참히 고통받는다. 그 상황에서 정부가 일방적으로 분양가를 인상하고 철거민들에게 토지 대금을 내라고 통보하자 수만 명의 철거민들이 일어나 도시를 점령하고 관공서에 불을 지른 것이다. 이처럼 1970년대 초는 노동자와 빈민 등 피억압 계층의 사회적 불만이 터져 나오는 시기였다. 이런 움직임에 더해 학생운동 세력과 재야 시민사회운동 세력이 연계하면서 박정희 정권을 규탄하는 여론이 광범위하게 형성되었다.

전형적 날치기로 다시 한 번 유린되는 국회

세계적으로는 냉전이 완화되는 추세였고, 사회적으로는 국민들의 불만이 하나둘 폭발하기 시작했고, 정치적으로는 신민당이 유력한 경쟁자로 떠오르는 상황에서 박정희는 '국가비상사태'라는 카드를 꺼내든다. 1971년 12월 6일, 박정희는 국가비상사태를 선언하고, 12월 21일 공화당 의원 110명은 '국가보위에관한특별조치법'을 국회에 제출한다. 대통령에게 초헌법적 권한을 부여하는 이 법안을 공화당이 의회에 제출하자 박정희는 국회의장 앞으로 서한을 보낸다. "비상사태를 극복하기 위해서는 이 법안의 조속한 통과가 필요불가결"하며 "불행하게도 이 법안이 이번 회기 내에 통과되지 않는다면 나는 비상사태 극복을 위해 비장한 각오로 임하지 않을 수 없다"라는 협박에 가까운 편지였다.[12]

12월 22일, 공화당이 국가보위법을 발의하려 하자 신민당 의원들은 "헌정을 말살하는 법안에 반대한다"라며 단상을 점거하고 저지 투쟁에 나섰다. 한국노총을 비롯한 노동단체들 역시 노동자의 단체교섭권과 임금 동결을 규정한 법안에 반대하여 투쟁에 나서기로 결의했다. 그러나 공화당의 대처는 전광석화 같았다.

마침 크리스마스인 12월 25일에 대연각호텔에 큰 화재가 발생했다. 22층짜리 대형 빌딩이 화마에 휩싸였는데, 탈출 시설이 제대로 갖춰져 있지 않아 무려 163명이 사망하는 대형 참사로 이어졌다. 여론이 대연각호텔 화재사건에 쏠려 있는 때를 놓치지 않고 공화당은 27일 새벽 3시를 기해 여당 의원들을 국회 별관에 소집한다. 그리고 자기

들끼리 몰래 법안을 발의하고 통과시키는 전형적 날치기 수법으로 또한 번 국회를 유린하며 대통령의 비상대권을 완성시킨다.

닷새 뒤인 1972년 1월 1일, 박정희는 대통령 신년 담화에서 "국가 질서를 공고히 하고, 자주·자립·자위의 정신으로 비상체제를 확립" "민주제도를 우리의 현실에 알맞게 창조적으로 운용 발전" "총력 안보의 결의" 등을 운운하며 이른바 '한국적 민주주의'를 명분으로 유신 독재에 나설 것을 예고했다. 그뿐 아니라 "일부 무책임한 지식인들의 말로 인해 국민의 국가 안보에 대한 인식이 흐려지고 있다"면서 정권에 반대하는 움직임들을 더욱 노골적으로 탄압하겠다는 의사를 드러냈다.

10월유신이라는 쿠데타

1972년 10월 17일, 전국에 비상계엄이 선포된 상황에서 박정희는 이른바 '10·17비상조치'를 단행한다. 국가보위법에 따라 법 위에 군림하는 지도자가 된 박정희는 국회를 해산하고, 모든 정당의 활동을 막았으며, 헌법의 효력마저 정지시켰다. 불과 열흘 뒤인 10월 27일 비상국무회의는 유신헌법을 의결했고, 곧이어 11월 21일 국민투표가 실시되었다. 비상계엄령이 내려진 삼엄한 상황에서 투표율 91.9퍼센트에 찬성률 91.5퍼센트로 헌법 개정안은 허무하게 통과되었다.

이른바 '10월유신'은 또 한 번의 쿠데타였다. 비상조치를 단행한 직후 야당 의원 십수 명이 보안사령부와 헌병대로 강제 연행되어 유신을 반대했다는 이유로 고문당했다. 전국 대학에는 또다시 휴교령이

1972년, 제7차 헌법 개정안의 당위성에 관한 내용이 담긴 박정희 대통령의 특별담화문.

내렸고, 모든 정치 집회는 금지되었다. 언론과 출판, 방송은 사전 검열을 받아야 했으며 국민투표라는 이름으로 투표 참여가 강제되었다. 국민투표는 총체적 관권 부정선거였다. 심지어 서울의 한 투표소에서는 선거관리위원이 무더기 찬성표를 발견해 선거관리위원장에게 보고했는데, 도리어 사직 압력을 받고 강제로 정신병원에 입원당하는 어처구니없는 일도 벌어졌다.[13]

　10월유신은 삼선개헌 직후부터 치밀하게 준비된 것이었다. 유신헌법 제정 과정에 참여한 한태연에 따르면 김기춘을 비롯한 젊은 검사들이 일 년 동안 프랑스 등지에서 '강력한 대통령 국가긴급권'과 관련한 자료를 수집해 유신헌법 초안을 마련했다고 한다. 1971년 4월 청와대 비서실과 중앙정보부의 주도로 일종의 유신 준비 작업인 '풍년사업'이 계획되었고, 국가비상사태 선언이나 7·4남북공동성명 역시 그런 계획의 일환으로 추진되었다. 특히 1971년부터 진행된 남북적십자회담과 7·4남북공동성명은 박정희 정권이 "통일 시대에 걸맞은 헌법"을 명분으로 개헌에 나서기 위한 수단으로 이용되었다. 박정희는 반공 깃발을 내걸고 독재 권력을 강화하면서 한편으로는 체제 유지를 위해 북한과 교감했던 것이다.

겨울공화국

··· 총과 칼로 사납게 억박지르고/논과 밭에 자라나는 우리들의 뜻을/군홧발로 지근지근 짓밟아대고/밟아대며 조상들을 비웃어대는/지금은 겨울인가/한밤중인가···

— 양성우의 시 〈겨울공화국〉 중에서[14]

유신헌법 아래에 있는 한국은 민주주의가 사라진 나라였다. 박정희는 긴급조치를 남발하면서 반대 세력을 힘으로 억눌렀다. 신병을 치료하기 위해 일본으로 간 김대중은 유신헌법이 선포되자 미국으로 망명해 해외에서 반 유신 투쟁을 전개한다. 이에 중앙정보부는 김대중이 일본으로 돌아올 때를 기다려 살해 공작을 펼친다. 이른바 '김대중 납치사건'이다. 이 계획은 미국의 개입으로 무위로 돌아갔지만 유신 체제의 공포정치가 얼마나 폭력적이었는지 보여주는 대표 사건으로 기억된다.

대학생들이 전국민주청년학생연맹(민청학련)을 결성해 전국적으로 유신 반대 투쟁을 이끌자 박정희 정권은 1974년 4월 3일 긴급조치 제4호를 선포해 민청학련이 국가 전복을 기도했다는 누명을 씌우고 180여 명을 구속·기소했다. 그해 7월에는 인혁당사건 관련자 8명에 대한 사형을 전격 집행하고 김지하 시인을 포함한 6명에게도 사형을 선고하는 등 박정희 정권은 대형 용공 조작 사건을 만들어내 반대 세력을 무자비하게 압살했다.

1975년 8월에는 '헌법 개정 백만인 서명운동'을 전개하며 '재야의 대통령'이라 불리던 장준하가 의문의 사고로 죽는다. 사고 당시 경찰의 왜곡 수사와 발표가 논란이 되어 오늘날까지 박정희 정권이 살해했다는 의혹이 끊이질 않는다.

이처럼 박정희는 국가보위법과 유신헌법을 이용해 장기 집권을 넘어 종신 집권에 이르는 길을 완성했다. 또 테러 공작과 용공 조작으로 반대 여론을 짓누르는 데에서 그치지 않고 자신의 거수기 역할을 할 통일주체국민회의를 조직해 국회마저 장악했다. 그러나 국민들은 박정희의 독재를 그냥 지켜만 보지 않았다. 1978년 국회의원 총선거에서 신민당이 얻는 높은 득표율은 유신체제의 끝을 예고하는 징표였다.

5장

김영삼 제명안 날치기와 유신체제의 종언

'선명 야당' 내세운 김영삼 돌풍

1979년 5월 30일 오전, 전당대회를 앞둔 마포구 공덕동 신민당사는 북적거렸다. 국회의원 의석을 60석 이상 확보한 제1 야당인 신민당의 새로운 당수를 뽑는 날이었기 때문이다. 당 대의원 수백 명이 차례로 입장하고 있는 당사 정문에는 "총선승리 바탕으로 수권태세 확립하자" "장기집권 신물난다 민주회복 이룩하자" 같은 문구가 적힌 대형 아치가 시선을 끌었다. 그 밑에 늘어선 수십 명의 선거운동원들은 각자 자신이 지지하는 후보의 이름을 외치며 입장하는 대의원들에게 유인물을 나눠주었다. 특히 당선이 유력한 김영삼 후보와 이철승 후보 진영 선거운동원들 간의 기 싸움은 맹렬했다. 현직 당 대표인 이철승 후보 측에서 "위장선명 속지말고 진짜일꾼 밀어주자"라는 현수막을 내걸자, 김영삼 측 운동원들은 "중도통합 몰아내고 정권교체 준비하자"라는 피켓으로 응수했다. 전당대회 당일까지 상대 후보를 향해 '속지 말자' '몰아내자' 같은 거친 언사로 공격했을 만큼 신민당의 당권 경쟁 열기는 뜨거웠다.

당권 경쟁이 이렇게 치열해진 것은 바로 이전 해인 1978년 제10대 국회의원 선거에서 신민당이 선전을 거둔 것과 무관하지 않다. 당시 신민당은 32.8퍼센트를 득표하면서 여당인 공화당의 득표율 31.7퍼센트를 넘어서는 파란을 일으켰다. 불리한 선거제도 때문에 의석수에서 공화당에 밀리긴 했지만, 민심이 박정희 정권으로부터 차츰 멀어지고 있다는 사실을 분명하게 보여준 수치였다. 특히 김영삼은 박정희 정권의 견제와 금권선거에도 불구하고 자신의 정치 거점인 부산에서 다시 당선됨으로써 신민당 비주류를 결집시키며 이철승 대표 체제에 도전장을 내밀었다. 김영삼이 두각을 나타낸 것은 3월에 일어난 '백두진 파동' 때부터였다.

유신체제 아래서 국회의원 선출제도는 지금으로서는 상상하기 어려울 정도로 반민주적이었다. 전체 국회의원의 3분의 1을 박정희 정권의 거수기인 통일주체국민회의에서 간선으로 선출했고, 나머지 3분의 2는 각 지역구에서 직선으로 뽑았다. 심지어 한 선거구에서 국회의원 두 명을 뽑는 중선거구제를 실시해 지역구 의석의 절반마저 여당이 차지할 가능성이 다분했다. 아무리 야당이 기를 써봤자 국회의원 의석 과반을 여당이 장악할 수밖에 없는 상황이었던 것이다. 국회 다수당이 차지하기 마련인 국회의장 자리도 마찬가지였다. 논란이 된 것은 유신정우회 소속 국회의원 백두진이 국회의장 후보로 출마하면서부터였다. 신민당은 의원총회를 열고 "국회의장은 지역구 출신이어야 한다"면서 당론으로 퇴장을 결정했다. 그러자 여당은 "당론으로 퇴장하는 것은 체제에 대한 정면 도전"이라며 엄포를 놓는다. 이에 신민당 지도부는 당론을 재조정하겠다며 갈팡질팡했다. 이철승 지도부가 여당의 압박에 밀리는 상황에서 김영삼은 "국민에 의해 선출되지 않은 대통령의 꼭두각시가 국회의장이 되는 것을 막아야 한다"라고 주장하며 자신을 따르는 의원들과 함께 국회의장 선출을 보이콧한다.

여당의 압력에 굴복한 이철승 대표와 투쟁을 불사하겠다는 의지를 내보인 김영삼 의원이 대비되면서 신민당 내부에서 김영삼 바람이 불기 시작했다.

특히 긴급조치 9호 위반으로 가택연금 중이던 김대중이 김영삼을 지지하고 나서면서 전당대회 분위기는 더욱 뜨겁게 달아올랐다. 1971년 대통령 후보 선출 문제로 대립했던 양 김씨가 7년 만에 다시 손을 잡자 '민주 회복'의 기세도 서서히 타올랐다. 결국 전당대회 당일 2차에 걸친 투표 끝에 캐스팅보트를 쥔 이기택이 김영삼 지지를 선언하면서 신민당은 '선명 야당'을 내세운 김영삼 총재 체제로 전환한다.

거침없는 김영삼의 행보

총재가 된 김영삼의 행보는 거칠 것이 없었다. 그러나 김영삼의 거친 말과 행동은 그를 반대하는 세력에게는 좋은 빌미가 되기도 했다. 1979년 6월 11일 김영삼은 외신기자클럽에서 "야당 총재로서 통일을 위해서는 장소와 시기를 가리지 않고 책임 있는 사람을 만날 용의가 있다"라고 발언해 큰 파문을 일으킨다. '책임 있는 사람'이란 곧 김일성을 의미했기 때문이다. 반공주의가 팽배한 시절이었기에 김일성을 만나겠다는 함의를 담은 김영삼의 발언은 반공주의 신봉자들에게 큰 충격을 주었다. 김영삼은 통일문제만이 아니라 다들 언급하기 꺼려했던 노동문제에서도 소신 있는 발언과 행동을 이어갔다. 8월 9일에는 회사 사주의 강제 폐업에 맞서 장기 농성을 벌이던 YH무역 노조원들이 신민당 당사를 찾아 농성을 벌이는 이른바 'YH무역사건'이 발생한다. 이때도 김영삼은 "우리가 여러분을 지켜주겠으니 걱정 말라"며 노조원들을 안심시키고는 당직자들을 동원해 이들을 감시하던 경찰을 물리친다. 그러나 이틀 뒤 경찰이 2000명이 넘는 인원을 동원해 신민당사에 진입하면서 그 약속은 지킬 수 없게 되었다. 김영삼과 신민당원들은 몸싸움까지 벌이며 경찰에 맞섰지만 역부족이었다. 경찰의 폭력적인 강제 진압이 시작된 지 23분 만에 노동자들은 연행되었고, 김영삼을 비롯한 신민당 인사들은 그 과정에서 폭행까지 당하는 수모를 겪는다.

YH무역사건은 이후 1980년대 민주화 투쟁 과정에서 야당과 재야 민주화운동 세력, 노동운동 세력이 공동전선을 형성하는 계기로 작용한다. YH무역사건 당시 김영삼이 남긴 말은 이후 정치적 급변을 예고하는 발언이었다. "암흑 정치, 살인 정치를 감행하는 이 정권은 필연코 머지않아 반드시 쓰러질 것이다. 쓰러지는 방법도 비참하게 쓰러질 것이다."

이처럼 김영삼이 통일문제와 노동문제에 관해 소신 발언을 이어가고, 신민당 역시 과거와 달리 계속해서 정부와 대립각을 세우자 박정희 정권은 김영삼을 축출하기 위한 계획을 본격화한다. 1979년 8월, 박정희 정권은 정치공작을 통해 신민당 전당대회의 절차적 문제를 제기하면서 '김영삼 총재 직무 정지 가처분 신청서'를 법원에 제출한다. 그리고 9월 8일 법원이 이를 받아들이면서 사법부의 결정으로 야당 총재의 직무가 정지되는 사상 초유의 사태가 벌어진다. 이철승을 비롯한 비주류 의원들이 직무 정지 사태를 초래한 김영삼 총재를 비판하고 나서면서 신민당은 사실상 두 개로 분열되는 위기를 맞는다. 그

신민당사에서 농성 중인 YH무역 여공들을 끌어내는 경찰들.

러나 김영삼은 굴복하지 않는다. '총재 직무 정지 가처분'을 정권의
탄압으로 규정하고 재야 민주화운동 세력과 국민운동기구를 구성해
투쟁에 나서겠다고 선언한 것이다. 아울러 9월 12일에는 〈뉴욕타임
스〉와 가진 기자회견에서 "미국이 국민들로부터 점점 소외되어가고
있는 정부와 민주주의를 열망하는 다수 중 명백한 선택을 해야 할 시
기가 왔다"라고 발언해 또다시 큰 파장을 불러왔다.

공화당과 유신정우회는 김영삼의 〈뉴욕타임스〉 회견 내용이 '사대
주의적 망언'이라 단정하고 김영삼 총재의 해명을 요구했다. 그뿐 아
니라 정치적 책임을 묻겠다며 '김영삼 제명안'을 국회에 제출하는 강
공을 펼친다. '김영삼 제명안'은 박정희 정권의 2인자 차지철의 작품
이었다. 원래 박정희 정권의 정치공작은 주로 중앙정보부가 담당했

다. 그러나 무섭게 오르는 신민당의 기세를 누르지 못한 중앙정보부장 김재규가 박정희로부터 신뢰를 잃자 그 틈을 비집고 차지철이 등장한 것이다. 이후 차지철은 사설 정보조직을 구성하는 등 월권행위를 하면서까지 정치공작에 앞장선다.

상대적으로 온건파였던 김재규는 김영삼 제명이 정권의 안위를 위태롭게 만드는 중대 사태가 될 것이라 예견했다. 정권 지지도가 떨어지는 상황에서 김대중을 가택에 연금시킨 데 이어 김영삼마저 제명한다면 여론이 들끓을 것이라 보았던 것이다. 이에 김재규는 김영삼을 만나 〈뉴욕타임스〉 발언을 해명하고 사과한다면 제명만은 막겠다고 설득했다. 그러나 김영삼은 "내가 해명을 하는 것은 박정희에게 굴복하는 것이다"라며 제안을 거부했다.

헌정 사상 최초의 국회의원 제명 사건

정세는 급박하게 흘러갔다. 신민당은 10월 2일 의원총회를 열었다. 비록 내분으로 당이 반으로 쪼개진 상황이었지만 어쨌든 당 총재가 제명될 위기였기에 하나로 뭉칠 수밖에 없었다. 전체 의원 67명 가운데 64명이 의원총회에 참석했는데, 병원에 입원한 의원이 링거주사를 맞으면서까지 참석했을 정도였다. 여기서 김영삼 총재는 다음과 같은 연설로 박정희 정권의 폭압성을 비판한다.

여당은 나를 국회에서 추방하기로 결정했다. 나를 제명한다는 것은 내 개인 문제가 아니고 신민당 전체의 문제이며 국민의 문제이다. 민주주의의 촛불이 꺼지느냐 사느냐의 기로에 서 있다. 우리는 오늘 죽고 영원히 사느냐, 오늘 살고 영원히 죽느냐를 선택해야 한다. 나는 비굴하게 살고 싶지 않다. 그들이 나를 제명한다 해도 그리고 나를 구속한다 해도 나의 민주주의에 대한 신념과 철학은 빼앗을 수 없을 것이다. 그들은 YH사건에서 보여준 폭거를 제쳐두고 법을 운위할 자격이 없다. 여당은 나의 신념과 철학을 철회하기를 요구하고 있으나 나는 승복하지 않을 것이다. 이 정권은 국민의 마음으로부터 떠났다.

신민당이 의원총회에서 제명안에 대한 실력 저지를 결의하자 박정희 대통령과 여당은 제명안 조기 처리를 공언하고 나섰다. 10월 3일 개천절 경축사에서 박정희 대통령은 "부질없이 국론 분열과 사회 혼란을 조장하거나 국법을 어기고 공익을 해치는 등 지각없는 일부의 언동은 건전한 다수 국민의 지탄을 받을 것"이라며 김영삼을 겨냥해 발언했다. 공화당과 유정회는 합동 조정회의를 열고 10월 4일 국회 본회의에서 징계안을 처리하기로 결정했다. 아울러 야당의 실력 저지에 맞서 국회의장에게 경호권을 발동할 것을 요청했다.

추석 연휴를 앞둔 10월 4일, 결전의 아침이 밝았다. 오전 10시에 국회 본회의장 문이 열리자 신민당 의원들은 단상으로 올라가 의장석과 발언대, 속기석 주변을 점거했다. 김영삼 제명에 대한 반대 의견을 밝힌 제2 야당 민주통일당도 행동을 같이했다. 10시 30분, 국회 무술경위 10여 명이 몰려와 신민당 의원을 끌어내려 했는데 여당 의원들까지 여기에 합세하면서 순식간에 국회의원 200여 명이 뒤엉킨 대규모 몸싸움이 되고 말았다. 백두진 국회의장은 이 혼란을 틈타 본회의장에 입장하려 했지만, 신민당 의원들의 저지로 세 번이나 입장에 실패한다.

단상을 점거한 신민당 의원들은 국회 운영위가 열리지 않았고 야당에 의사일정을 미리 알려주지 않았으니 본회의 자체가 무효라고 주장했지만 여당은 묵묵부답으로 일관했다. 대치 상태는 몇 시간이나 계속되었다. 그러던 중 여야 의원 일부가 점심을 먹으러 자리를 뜬 오후 1시 19분경, 본회의장 동쪽 문이 열리면서 국회 경위를 앞세운 백두진 의장과 여당 의원들이 한꺼번에 단상으로 몰려들었다. 단상을 점거 중이던 신민당 의원들과 여당 의원들이 몸싸움하던 사이 백두진 의장은 손을 들면서 "김영삼 의원에 대한 징계동의안을 법사위에 회부합니다. 이의 없습니까?"라고 소리쳤고, 여당 의원 일부가 "이의 없습니다"라고 대답했다. 그러자 백두진 의장이 "그러면 법사위에 회부합니다"라고 손을 흔들고는 바로 퇴장해버렸다. 이때가 1시 20분이었다. 불과 1분 만에 제명안이 발의된 것이다.

의사봉도 두드리지 않고 제명안이 통과된 가운데 의장의 발언을 미처 듣지 못하고 정신없이 몸싸움을 벌이던 신민당 의원들은 상황이 어떻게 진행되는지 몰라 어리둥절해 있었다. 그 틈에 여당 의원들이 재빨리 본회의장을 빠져나갔다. 본회의장을 빠져나온 여당 의원들이 3층 법사위 회의실로 모인 것은 1시 23분. 숨 돌릴 틈도 없이 법사위 위원장은 개회를 선포했다. 그리고 징계 제명안에 대한 설명은 생략한 채 "제명이 타당하다고 보는 데 이의가 없느냐" "이의 없다"라는 말만 주고받고는 제명안을 가결시켰다.

5분도 안 되는 짧은 시간에 제명안을 발의하고 법사위에서 가결까

The Kyunghyang Daily News 京鄉新聞

金泳三의원 除名

新民의원들 壇上占據

興, 法司委거쳐 本會議電

김영삼 의원 제명안 날치기 사건을 보도한 〈경향신문〉 기사.

지 시킨 것이다. 남은 건 본회의에서 처리하는 것뿐이었다. 법사위에서 제명안이 기습적으로 가결되었다는 소식을 들은 신민당 의원들은 전열을 가다듬고 다시 한번 본회의 결사 저지를 결의했다. 그러나 박정희 정권은 어떤 수를 써서라도 김영삼 제명안을 처리하겠다는 의지를 드러냈다. 본회의장이 점거당했기에 여당 의원들은 별실로 향했다. 오후 3시가 되자 국회의장은 경호권을 발동하고 무술경위 300명을 동원해 국회 각 통로를 봉쇄해버렸다. 오후 4시 7분, 평소 여당 의원들이 총회 장소로 사용하던 국회 1층 146호실에 여당 의원 159명이 모여 앉았다. 뒤늦게 사태를 파악한 신민당 의원들이 회의장에 진입하려 했지만, 건장한 무술경위들의 벽은 뚫지 못했다. 4시 8분, 백두진 의장의 표결 개시 선언에 따라 비공개 투표가 진행되었고 투표 시작 10분 만에 159명 전원이 투표를 마쳤다. 그리고 4시 20분, 여당 의원 159명의 전원 찬성으로 제명안이 가결되었음이 선포되었다. 헌정 사상 최초의 국회의원 제명이었다.

김영삼 의원 제명안이 날치기로 처리되자 신민당은 "민주주의는 조종을 울렸다"라는 논평과 함께 무기한 등원 거부를 선언했다. 10월 13일, 신민당 소속 국회의원 66명 전원과 민주통일당 국회의원 3명은 국회에 의원직사퇴서를 제출하고 강력한 투쟁 결의를 보였다. 김영삼 제명의 파장은 국회에서만 끝난 게 아니었다. 추석을 앞두고 전격 처리된 이 사건은 추석 민심을 뒤흔들었다. 특히 김영삼의 정치 거점이던 부산을 중심으로 거친 불만이 터져 나왔다. 중앙정보부장 김재규가 우려했던 대로 김영삼 제명 강행은 성난 민심에 불을 붙인 꼴이 되어버렸다. 이런 민심을 기반으로 10월 16일부터 10월 20일까지 나흘 동안 오늘날 '부마민주항쟁'이라 부르는 대규모 시위가 일어난다.

부마민주항쟁과 10·26, 절대권력의 비참한 말로

10월 16일, 남포동과 부산 시청, 광복동 등 부산 중심가에 5000여 명이 넘는 부산대 학생들이 모였다. "독재 타도"와 "정치 탄압 중단"을 외치며 부산대 도서관에서 출발한 시위대가 부산 시내까지 진출한 것이다. 오후에는 동아대 학생들이 합류하면서 시위대 규모는 부쩍 커졌다. 진압을 위해 경찰들이 나섰지만 여느 때와 달리 부산 시민들까지 적극적으로 시위대 편에 섰다. 노점상 상인들은 대학생을 끌고 가는 경찰을 붙잡고 항의했고, 경찰을 피해 시장으로 숨어든 시위대를 숨겨주었다. 저녁이 되자 퇴근길 회사원들이 시위대에 합류했다. 교복 입은 고등학생과 구두닦이, 짜장면 배달원, 날품팔이 노동자 들도 속속 거리로 나섰다. 민주화운동의 주력이던 학생들만이 아니라 각계 각층의 시민들까지 참여하는 범시민 항쟁으로 발전한 것이다. 5만여 명이 넘는 부산 시민이 도로를 메웠고, 정권의 나팔수인 방송사와 공권력을 남용하는 파출소는 분노 표출의 대상이 되었다. 시민들은 20곳이 넘는 파출소에 불을 질렀고, 언론사와 공공기관에 돌을 던졌다. 격렬한 시위는 밤새도록 이어졌다.

10월 18일, 박정희 정권은 부산 지역에 계엄령을 선포하고 공수여단 5000여 명을 투입했지만 민주화를 위한 시민의 열망은 꺾을 수 없었다. 부산의 시위 소식을 들은 마산의 대학생들도 거리로 뛰쳐나왔다. 거기에 도시 하층민들까지 대거 가세해 경찰과 충돌했다. 10월 20일까지 총 1563명이 연행될 정도로 부산과 마산의 시위는 분노한 민심을 타고 용암처럼 들끓었다. 당시 중앙정보부장이던 김재규는 훗날 부마항쟁을 두고 다음과 같이 증언했다.

제가 내려가기 전까지는 남민전이나 학생이 주축이 된 데모일 거라고 생각했는데 현지에서 보니까 그게 아닙니다. 160명을 연행했는데 16명이 학생이고 나머지는 다 일반 시민입니다. 그리고 데모 양상을 보니까 데모하는 사람들도 하는 사람들이지만 그들에게 주먹밥을 주고 또 사이다나 콜라를 갖다 주고 경찰에 밀리면 자기 집에 숨겨주고 하는 것이 데모하는 사람과 시민들이 완전히 의기투합한 사태입니다. 주로 그 사람들의 구호를 보니까 체제에 대한 반대, 조세에 대한 저항, 정부에 대한 불신, 이런 것이 작용해서 경찰서 11곳을 불질러버리고 경찰 차량을 10여 대를 파괴하고 불을 지르고 이런 사태가 벌어졌습니다.

부마민주항쟁의 사회적 배경에 대해서는 이미 많은 연구가 진행되었다. 박정희 정권의 중화학공업 육성정책이 1978년의 제2차 오일쇼크로 휘청거리고, 이 여파로 경남 지역 중소기업들이 자금난에 시달리면서 불황이 찾아왔다. 또 급작스럽게 부가가치세가 도입되면서 물가가 폭등했는데, 물가 상승을 감당하기 어려운 저임금 노동자들은 생활고에 시달린다. 자연스럽게 불만이 터져 나올 수밖에 없는 상황이었다. 그런데도 박정희 정권은 체제 유지를 위해 이념 공세를 펼치면서 노동운동을 강력하게 탄압한다. 결국 국민들의 불만이 정치에 투영되면서 1978년 총선에서 신민당이 약진하는 결과를 낳았다. 그런데 박정희 정권은 유화책을 펴기는커녕 부산 지역의 정치적 상징인 김영삼을 제명하면서 성난 민심을 자극한 것이다. 소수 지식인과 대학생들이 중심이 된 과거의 민주화 투쟁과 달리 부마항쟁은 대규모 시민항쟁으로 번져나갔다. 민심의 새로운 흐름으로 박정희 정권이 내부 갈등에 휩싸이면서 유신체제는 끝을 향해 나아간다.

계엄군이 주둔한 뒤 시위는 소강상태에 접어들었지만 박정희 정권이 받은 충격은 적지 않았다. 10월 26일, 궁정동안가에서 일어난 사건은 부마항쟁 수습책을 놓고 정권 내부에서 갈등한 결과였다. 늦은 밤 연회 도중 박정희가 중앙정보부장 김재규에게 "신민당 공작은 어떻게 되었는가?"라고 묻자, 김재규는 "의원들이 강경하게 돌아서는 바람에 틀렸다"라고 답했다. 박정희는 부마항쟁을 들먹이며 "김영삼을 구속시켰어야 했다"라고 몰아붙였고, 경호실장 차지철은 "까불면 학생이고 신민당이고 전부 탱크로 싹 깔아뭉개야 한다"라고 맞장구를 쳤다. 박정희와 차지철의 폭주와 굴욕적인 상황을 더이상 참지 못한 김재규는 우발적으로 이들을 제거한다. 이것이 10·26사건의 전말이다(일부에서는 우발적이 아닌 계획적인 사건이었다고 말한다). 총칼로 정권을 잡았던 박정희는 18년 만에 부메랑처럼 돌아온 총탄을 맞고 목숨을 잃었다. 김영삼이 예견했듯 살인 정치를 감행하던 절대 권력의 비참한 말로였다.

닭의 목을 비틀어도 새벽은 온다

"아무리 닭의 목을 비틀어도 새벽은 온다." 의원직 제명 직후 김영삼이 남긴 유명한 말이다. 그러나 10·26사건으로 유신체제가 종식되었는데도 새벽은 오지 않았다. 1979년 12월 12일, 보안사령관 전두환을 비롯한 신군부 일파가 또다시 군사반란을 일으켰기 때문이다. 군사반란에 성공한 신군부는 박정희의 서거 이후 구성된 최규하 정권을 압박하기 시작했다. 그러나 부마민주항쟁 사례에서 보았듯 시민들이 민주화를 열망하고 있었기에 신군부는 곧바로 정권을 탈취하지 못했다. 군사반란으로 군권을 장악한 신군부와 혼란을 수습하려는 최규하 정권 인사들 그리고 민주화를 요구하는 야당 사이에 기묘한 대치가 잠시 이어졌다. 일시적인 유화 국면 속에서 야당과 재야 민주 인사들은 민주적 개헌을 요구했고, 여당인 민주공화당은 이를 받아들여 직선제 개헌에 합의했지만 '서울의 봄'은 길지 않았다. 1980년 5월 17일, 신군부는 비상계엄령을 전국으로 확대하며 또다시 쿠데타를 일으켰고, 국회 해산과 더불어 정치 탄압을 본격화했기 때문이다. 김대중은 사회 혼란을 조장했다는 이유로 체포되고, 김영삼은 가택연금을 당한다. 여당 총재인 김종필마저 보안사령부로 끌려가면서 정치권은 완전히 무력화되었다. 여당과 야당, 재야 세력을 막론하고 주요 인사들을 철저히 봉쇄한 신군부는 곧이어 반대 시위가 일어난 광주에 계엄군을 증파해 무자비하게 진압한다. 반대 세력을 억누른 전두환은 그해 9월 통일주체국민회의를 통해 대통령에 취임한다.

10월 27일에 제정된 제5공화국 헌법은 유신헌법 뺨치는 반민주적 요소들로 가득했다. 대통령 간선제와 여당에 극도로 유리한 선거제도 그리고 관제 야당의 난립으로 국회의 기능은 사실상 유명무실해졌다. 이승만 정권, 박정희 정권에 이어 새로운 독재 정권이 들어서는 순간이었다.

이후 전두환 정권은 반공주의와 국가보안법을 전가의 보도처럼 휘두르며 민주화운동을 탄압했다. 대학에서, 공장에서, 또 거리에서 이름 없는 수많은 시민들이 민주주의를 위해 싸우다 피를 흘렸으며 때로는 목숨을 잃기도 했다. 한국 사회가 대통령 직선제를 쟁취하고 형식적 민주화를 이루기까지는 7년이라는 시간이 더 필요했다.

날치기당한 정치를 되찾기 위해

1948년 제헌헌법이 제정된 이래 대한민국은 무려 아홉 차례에 걸쳐 헌법을 개정했다. 헌법 개정은 대부분 대통령 선출 방법과 그 임기, 권한에 관한 것이었다. 이승만의 고집으로 대통령중심제가 채택된 이래 제2공화국에 이르러 잠시 내각책임제가 들어섰던 것을 제외하면, 대한민국의 정부 형태는 줄곧 대통령중심제를 유지해왔다. 1987년 6월항쟁 때도 대통령 선출 방식을 간선제에서 직선제로 바꾸는 데에 관심이 쏠렸지, 내각책임제는 진지하게 논의되지 않았다. 대통령이라는 강력한 힘은 독재자들에게도, 독재를 갈아엎고자 하는 이들에게도 이른바 '절대반지'로 기능했다. 간혹 내각책임제 논의가 정가를 뒤흔들긴 했지만, 대부분 당리당략에 따라 권력을 나눠 가지려는 시도였을 뿐 한국 정치를 더욱 민주적으로 디자인하고자 하는 진지한 의도에서 비롯된 것은 아니었다.

한국의 대표 정치학자인 최장집은 정치제도에 대한 토론이 부재했던 과거 한국 정치에 대해 "결과적으로 제도에 대한 파당적 이해관계를 넘어 특정의 제도, 특정의 경쟁 규칙이 사회와 시민의 이익과 요구를 얼마나 잘 대표하고, 민주주의 발전에 얼마나 기여할 수 있을 것인가 하는 보편적인 기준에 대한 고려나 관심은 우리의 전통 속에 자리 잡지 못했다"라고 비판적으로 평가한다. 형식적 민주화 이후에도 민주주의의 실질적 실현은 여전히 미완의 과제로 남아 있음을 지적한 것이다.

  그렇다면 민주주의 실현을 위한 구체적 방도는 무엇일까? 최장집은 '정당이 중심이 되는 책임 정치'를 꼽는다. 지금의 정치는 정당이 아니라 특정 개인에게 종속되어 있는데다, 백년 정당을 자임하며 창당한 정당들은 선거 결과에 따라 통합과 소멸을 반복했다. 대통령이나 대권주자를 중심으로 당내 계파가 형성되고, 계파의 이익에 따라 선거철마다 이합집산하기 때문이다. 특정 개인과 계파에 따라 움직이는 정치는 유권자들을 대표하지 않고 권력자들의 편을 든다. '친박연대'라는 정당이 등장했던 일이나 '진박' 따위의 용어가 정가에 오르내린다는 사실은 정치의 사유화私有化 현상을 적나라하게 드러낸다. 본래 시민의 것이어야 했을 정치가 일부 권력자들의 손에 '날치기' 당한 것이나 다름없는 것이다.

  정당이 중심이 되는 책임정치란 정당이 이념과 정책 그리고 방향성에 따라 대중으로부터 지지를 얻고, 당의 소속 정치인들을 지원하면서도 통제할 수 있어야 한다는 것을 의미한다. 상대 당을 거꾸러뜨릴 수 있는 인물을 영입해 후보로 세우는 것이 아니라, 오랜 정당 활동을 통해 당의 가치와 이념을 체화한 인물을 당을 대표하는 후보로 내놓을 수 있는 정치가 되어야 한다. 자당 소속 대통령이나 지방자치단체장, 국회의원의 정치적 행위에 대해 정당이 대중에게 책임질 수 있는 정치를 만들어나가야 한다. 사회 갈등을 지혜롭게 봉합하고, 자신들의 이념과 일치하는 사회 집단들을 대표할 수 있는 정당, 도덕적 '심판론'이 아니라 대안과 정책을 내놓을 수 있는 정당정치가 한국 사회에 반드시 필요하다.

중요한 것은 지금의 정치제도를 부정하고 새로운 제도를 도입하는 것만으로는 민주적 정당정치의 실현을 기대하기 어렵다는 것이다. 한국의 기형적 정치 현실은 근본적으로 오랜 권위주의 독재 시절 누적된 시민사회에 대한 억압에서 기인한다. 모든 개인이 평등한 정치적 권리를 가진다는 민주주의의 이상은 억압과 통제의 역사 속에서 계속 짓눌려왔다. 민주화 이후에도 이런 억압과 통제는 그 형태만 달리했을 뿐 여전히 한국 사회를 규율하는 원리로 작동했다. 민주공화국 시민의 권리와 의무를 가르치는 대신 입시 경쟁에만 매몰되어 있는 공교육 현장, 삐뚤어진 국가주의와 집단주의를 강요하는 군대, 걸핏하면 마땅히 보장되어야 할 노동권을 침해하는 직장 등 일상에서 민주주의는 쉽게 찾아보기 어렵다. 노동조합 같은 시민적 결사를 통한 단체 행동이나 정치활동의 자유가 불합리한 제도와 현실적 제약으로 규제되어 있는 것은 물론, 헌법에 보장되어 있는 언론과 사상의 자유마저도 점차 보장받기 어려운 상황이 되어가고 있다. 민주주의가 뿌리를 내려야 할 사회적 기반 자체가 황폐화되어 있는 상황에서 민주주의의 정치적 기둥이 되어야 할 훌륭한 정당정치를 기대하는 것은 어려운 일일지도 모른다.

따라서 한국 정치를 변화시키기 위해서는 제도정치의 영역만이 아니라 일상에서도 민주주의를 확장시켜나가는 작업이 병행되어야 한다. 예를 들어 학교에서는 유명무실한 학생회가 원래의 기능과 역할, 위상을 확립해야 하고, 직장에서는 노동조합 활동이 보장되어야 한다. 또 선거 때만 투표를 독려하는 공익 캠페인을 펼칠 게 아니라, 지방자치단체나 지방의회 차원에서 주민들이 정치에 참여하고 지방정부를 감시할 수 있는 경로들을 만들어야 한다. 정당은 지역 선거조직 관리에만 몰두하지 말고 직능별·세대별·부문별로 다양한 사회적 이해관계를 대표할 수 있는 조직 구조를 갖춰야 하며, 시민들이 정당 활동을 통해 정치적 효능감을 느낄 수 있도록 그 체계를 상향식으로 재구성해야 한다.

정당이 그 조직의 근원을 시민에 둘 때 특정 유력자에게 휘둘리지 않는 강한 정당으로 거듭날 수 있다. 정당의 가치와 이념, 인적 자원을 재생산하는 강한 정당은 곧 정치 영역 전반을 변화시키는 유능한 정당이 될 것이며, 권력과 자본의 이해관계에 종속되어왔던 정치 영역의 변화는 수십 년간 누적된 사회적 세력비의 불균형을 바로 잡을 것이다.

만약 한국 사회에서 또 한 번 개헌이 이뤄진다면, 그것은 선언적 차원에서 '민주공화국'임을 반복하는 데 그치는 개헌이 아니라 실제로 정치 영역을 변화시켜 민주공화국의 이상에 한 발 더 가까워지는 시도가 되어야 한다. 민주공화국에 더 가까워진다는 것은 곧 시민들이 더이상 정치를 혐오하거나 냉소하지 않도록 누구에게나 가능한 정치적 실천의 폭을 넓혀나간다는 것을 의미한다. 제10차 개헌은 반드시 날치기당한 정치를 시민들에게 되돌려주는 계기로 헌정사에 남기 바란다.

6장

유성환 체포동의안 날치기와 6월항쟁

신군부의 노골적인 시나리오

5·17비상계엄 쿠데타로 권력을 잡은 전두환과 신군부 세력은 정권을 창출하는 데 걸림돌이 되는 정치인들을 퇴출시키거나 그 세력을 분할시킨 뒤 포섭하는 전략을 썼다.[15] 그뿐 아니라 제1당에 유리한 방식으로 국회의원 선거법을 개정해 국회마저 완전히 장악하려 했다.

1981년 실시된 제12대 대선과 제11대 총선은 처음부터 끝까지 신군부 세력의 계획대로 진행된 선거였다. 가장 먼저 이들은 강력한 정치 세력부터 제거하고 나섰다. 내란음모 혐의를 씌워 김대중에게는 사형선고를 내렸고, 정치활동 규제라는 명목으로 김영삼을 가택에 연금했을 뿐 아니라, 부정축재자라는 구실로 김종필의 전 재산을 몰수한 뒤 결국 미국으로 내쫓아버렸다. 이른바 '3김'의 발목을 묶어버린 것이다. 여기서 그치지 않았다. 이들은 야권을 분열시키고 기존 야당 세력을 포섭하기 위해 관제 야당을 만든다.

1981년 1월, 정치활동 규제 대상에서 제외된 신민당 출신 정치인들은 민주한국당(민한당)을 창당하고 유치송을 총재로 내세운다. 곧이어 구 공화당과 유신정우회 인사들이 김종철과 이만섭을 중심으로 한국국민당(국민당)을 창당한다. 신군부 세력은 '안정, 평화, 번영'이라는 슬로건을 내걸고 민주정의당(민정당)을 만든다. 제11대 국회의원 선거는 외형상 신군부, 신민당계, 공화당계가 3당 체제를 구축하고 서로 경쟁하는 것처럼 보였다. 그러나 실제로 이는 신군부가 깔아놓은 판이나 다름없었다. 신군부는 중앙정보부를 통해 민한당과 국민당 창당에 관여했다. 정치활동 규제 대상자로 묶인 정치인 일부는 신군부에 협조할 것을 약속한 뒤 규제에서 제외되었고 곧 민한당에 참여한다. 훗날 전두환이 "야당이 지금 어디 있습니까? 그냥 1, 2, 3당이지요"라고 말할 만큼 민한당과 국민당은 인적 구성에서부터 자금에 이르기까지 신군부의 손길이 닿지 않은 곳이 없었다.[16]

선거제도에도 변화가 있었다. 선거구를 지역구와 전국구로 나눴는데, 지역구는 한 선거구당 두 명을 선출하는 중선거구제를 시행했다. 중선거구제는 박정희 정권 때부터 여당이 안정적으로 의석을 확보할 수 있는 수단으로 이용되었던 제도다. 전국구 의원제도는 비례대표제를 도입해 정당정치를 강화하자는 것이 원래 취지였으나, 선거법을 개정하면서 제1당에게 전국구 의석의 3분의 2를 몰아주는 변칙을 끼워넣어 사실상 제1당의 독주를 뒷받침하는 제도로 변질되었다.

신군부의 시나리오대로 움직이는 판에서 총선과 대선 결과는 뻔한 것이었다. 대통령 선거인단이 선출하는 간접선거에서 전두환은 민한당의 유치송, 국민당의 김종철을 물리치고 90퍼센트가 넘는 높은 득표율을 얻어 제12대 대통령으로 당선되었다. 곧이어 실시된 제11대 총선에서 민정당은 지역구 90석과 전국구 75석을 합해 모두 165석을 얻어 전체 의석인 276석의 과반을 차지했다. 관제 야당인 민한당이 81석, 국민당이 25석으로 그 뒤를 이었다. 대통령의 거수기에 가까운 11대 국회가 탄생한 것이다.

저항과 억압 그리고 달콤한 회유

신군부가 정치활동 규제와 관제 야당을 이용해 국회를 거수기로 만들면서 제도를 가지고 신군부의 독주를 견제할 수단은 사라져버렸다. 정부를 비판하고 사회의 각성을 촉구해야 할 언론은 1980년 언론통폐합 과정에서 이미 신군부 세력에게 장악된 상황이었다. 언론통폐합으로 비판적 언론인들이 대거 해직되면서 언론은 정권의 보도지침만 바라보는 허수아비로 전락했다. 신군부의 반민주적 억압에 맞설 공적 공간이 대부분 무너진 것이다. 그러나 끝은 아니었다. 저항의 움직임은 밑에서부터 꿈틀거렸다.

우선 박정희 정권 아래서 저임금과 장시간 노동으로 고통받던 노동자들이 노동운동에 자발적으로 참여하면서 그 세가 폭발적으로 성장하기 시작했다. 1980년, 강원도 사북 지역 광산 노동자들이 파업 투쟁을 벌인 데 이어 대구에서는 택시기사들이 집단행동에 나섰고, 서울 지역에서는 경공업 노동자들이 민주노조사수 투쟁을 계획하는 등 전국에서 우후죽순처럼 노동자들이 일어나 저항했다. 노동자들의 강력한 저항은 열악한 노동조건을 개선하기 위한 몸부림이었으며, 독재 정권에게 오랫동안 희생을 강요당하며 빼앗긴 자신들의 권리를 되찾기 위해 나선 민주화 투쟁이었다. 1980년대를 거치면서 점점 확산된 노동운동은 개별적 저항을 넘어 지역과 지역이 연대하는 투쟁으로 발전해 구로동맹파업 같은 성과를 내기도 했다. 또 1987년 노동자대투쟁으로까지 이어지면서 민주적 노동조합운동으로 조직화된다.

노동자만이 아니라 농민도 독재 정권의 희생양이었던 것은 마찬가지다. 박정희 정권은 저임금 노동력을 유지하기 위해 저곡가정책을 강요했고, 전두환 정권은 농축산물 수입개방으로 농촌에 큰 타격을 안겼다. 농민들은 가톨릭농민회를 중심으로 농축산물 과다 수입에 반대하는 소몰이 투쟁을 전개하는 등 농민 문제의 심각성을 알리기 위해 끊임없이 노력했다.

1980년대는 무엇보다 학생운동이 활발히 전개된 시기이기도 했다. 5·18광주민주화운동의 진상이 알음알음으로 대학가에 전해지면서 많은 이들이 신군부에 분노했다. 1984년 학원자율화조치 이후 각 대학에서는 자율적으로 학생회가 조직되었는데, 이를 계기로 음지에서 활동하던 학생운동이 양지로 고개를 내밀었다. 총학생회의 설립으로 학내 민주화와 사회 민주화에 대한 요구가 대학가에 광범위하게 확산되었고, 학생운동이 정당성과 대표성을 얻는 계기가 되었다. 한편 광주 시민들이 학살당한 데에 미국도 책임이 있다는 주장이 힘을 얻으면서 학생들의 저항은 반미주의와 결합하는 양상을 보였다. 게다가 1982년 고신대 학생들이 부산 미문화원방화사건을 일으킨 이후부터는 유사한 방식의 반미·반정권 투쟁이 격렬하게 일어났다.

노동운동, 농민운동, 학생운동의 확산은 부마항쟁으로 박정희의 유신체제가 크게 흔들렸던 과정을 지켜본 신군부 세력에게는 큰 위협이 아닐 수 없었다. 결국 전두환 정권은 학림사건과 부림사건 같은 공안사건을 조작해 재야 민주화운동 세력을 탄압하는 한편, '스포츠' '섹스' '스크린'이라는 이른바 '3S정책'으로 정부에 비판적인 사회 분위기를 순화하고자 했다. 곧 1981년 서울올림픽과 아시안게임을 유치한 뒤 야구와 축구를 프로화해 대중의 관심을 정치로부터 돌린 것이다.

또 37년 만에 야간 통행금지를 해제하면서 성매매·유흥 산업을 크게 확산시켰고, 포르노영화나 비디오에 대한 검열을 축소해 유통이 활발하도록 이끌었다. 큰 화제가 되었던 에로영화 〈애마부인〉이 제작된 것도 이때다. 사회 비판적 움직임은 철저하게 차단하고 개인의 욕망을 부추기는 일에는 파격적 자유를 주는 이중적인 태도였다.

김대중의 귀국과 신한민주당 돌풍

전두환 정권이 여러 유화책을 펼쳤는데도 시민들의 반감은 쉽게 사그라들지 않았다. 특히 신군부 주요 인사들이 개입된 각종 스캔들이 연달아 터지면서 정부를 향한 비판 여론은 더 확산되었다.

대표 사건이 바로 장영자·이철희 금융사기 사건이다. 1982년, 전두환 대통령의 부인 이순자 여사의 친인척인 장영자·이철희 부부가 건설업체 등을 대상으로 수천 억대의 어음 사기를 벌인 사실이 밝혀졌다. 이 사건은 단군 이래 최대의 금융사기 사건이라는 악명과 더불어 청와대가 배후에 있다는 소문을 낳았다. 장영자·이철희 부부가 15개월 동안 49억 원이라는 거액의 돈을 사용했다는 발표는 국민들을 경악케 했다. 이듬해인 1983년에는 명성그룹 금융부정 사건에 이순자 일가가 관련되어 있다는 의혹이 제기되었고, 곧이어 영동개발진흥 부정대출 사건에 신군부 고위층이 개입되었다는 소문까지 나돌았다. 1984년, 민정당 정내혁 대표위원의 부정 축재 사건이 밝혀진 것은 권력형 비리에 대한 각종 소문이 구체화된 것이나 다름없었다. 이런 대형 사건이 잇따라 터지자 전두환 정권의 '정의사회 구현'이라는 슬로건은 "정의사회 구현 좋아하네"라는 유행어와 함께 국민들의 비웃음 거리가 되었다.

한편 정치활동 규제로 발이 묶인 김영삼과 미국으로 망명한 김대중은 신군부 독재를 물리쳐야 한다는 공동의 목표 아래 민주화추진협의회를 조직해 다가오는 제12대 총선을 대비했다. 신군부와 관제 야당의 행태에 염증을 느낀 국민들은 새로운 야당의 출현을 갈망했고, 이 갈망은 민주화추진협의회와 구 신민당 인사들이 '선명 야당'을 기치로 내걸고 신한민주당을 창당하는 기반이 되었다.

그럼에도 제12대 총선에서 신한민주당의 전망은 어두워 보였다. 김영삼과 김대중이 출마하지 못하는 상황에서 내세울 만한 스타 정치인이 없었던 것이다. 심지어 종로에 출마한 이민우 총재도 당선이 불확실한 상황이었다. 전두환 정권은 신한민주당이 신민당이라는 약칭을 쓰지 못하도록 방해했고, 일부 민한당 정치인들이 신한민주당에 합류하려는 움직임을 보이자 협박을 가해 무산시키는 등 온갖 공작을 펼쳤다. 심지어 신한민주당이 총선에 대비할 시간적 여유를 주지 않기 위해 총선 일정을 이례적으로 당겨 2월에 치르는 꼼수를 쓰기도 했다. 여러모로 신한민주당에게는 불리한 총선이 될 것으로 보였다.

상황이 달라진 건 총선 나흘 전 김대중이 전격 귀국하면서다. 신한민주당을 지원하기 위해 한국행을 택한 것이다. 1983년 필리핀의 야당 인사 베니그노 아키노가 미국 망명을 끝내고 귀국하다가 공항에서 암살당한 사건이 있었기에 미국 정가에서는 김대중의 귀국을 두고 우려 섞인 시선을 보냈다. 이에 미국의 몇몇 하원의원이 김대중의 안전을 보장하기 위해 비행기에 동승한다. 비록 입국장에 들어서자마자 안기부 요원들에게 붙잡혀 가택에 연금당하지만, 위험을 무릅쓰고 김대중이 돌아왔다는 사실은 야당 지지자들을 결집시키는 효과를 불러왔다. 특히 미국 하원의원이 김대중을 보호하기 위해 귀국에 동행했다는 사실이 알려지면서 미국이 한국의 민주화를 지지한다는 여론이 확산되었다.

1985년 2월 12일에 실시된 제12대 국회의원 선거는 84.6퍼센트라는 이례적으로 높은 투표율을 보였다. 특히 야당의 표밭인 서울을 비롯한 대도시의 투표율이 매우 높았다. 신한민주당은 지역구에서 50석, 전국구에서 17석을 얻는 성과를 올리며 제1 야당이 되었다. 지역구 득표율만 따지자면 신한민주당과 민주한국당이 얻은 지역구 득표율이 49퍼센트에 육박해 민정당의 35.2퍼센트를 한참 앞질렀다. 이처럼 신한민주당이 예상치 못한 돌풍을 일으키자 관제 야당이었던 민한당과 국민당 의원들까지 대거 신한민주당에 합류한다. 그 결과 신한민주당은 의석 103석을 확보한 거대 야당으로 급부상한다.

대통령 직선제 개헌운동과 5·3인천항쟁

신한민주당이 거대 야당으로 부상하자 전두환 정권은 민심이 심상치 않다고 판단하고 일시적인 유화책을 펼친다. 총선 직후인 1985년 3월 6일, 김대중과 김영삼 그리고 김종필 등 마지막까지 남아 있던 16명의 정치활동 규제자들을 해금한 것이다. 김대중과 김영삼이 해금되면서 신한민주당은 더욱 강력한 정치활동을 펼치게 된다. 특히 1986년 2월 12일, 제12대 총선 1주년을 맞이해 신한민주당은 '대통령 직선제 개헌 1000만 서명운동'에 돌입한다.

'대통령 직선제 개헌 1000만 서명운동'은 이후 한국 현대 정치사에 중요한 분기점으로 작용한다. 큰 호응을 이끌어낸 이 운동을 두고 일부에서는 전두환 정권을 압박했다는 점에서 긍정적으로 바라봤지만, 한편에서는 한국 사회의 민주화라는 정치적 열망을 직선제 개헌이라는 한정된 것으로 제한시켰다며 부정적인 목소리를 냈다. 특히 신군부의 탄압에 맞서 급진 투쟁을 이어가던 당시 학생운동 진영에서는 대통령 직선제 쟁취를 넘어서는 한국 사회의 구조적 변화를 주장하며 신한민주당을 비판하는 목소리가 거셌다.

1986년 4월 30일, 민정당이 개헌 논의를 수용하는 대신 신한민주당이 가두서명 시위를 중단하겠다는 합의가 발표된다. 그러자 재야 운동 세력은 신한민주당이 정권과 타협했다며 강하게 비판한다. 게다가 김대중과 김영삼이 학생들의 과격 시위를 반대한다는 성명을 내자 학생운동 진영은 들끓기 시작했다.

5월 3일은 신한민주당이 개헌추진위 인천시 지부 결성대회를 여는 날이었다. 그런데 이 대회에 수십 개 대학의 학생들과 노동운동 세력 등 수만 명이 참가해 신한민주당의 각성을 요구하고 전면 개헌을 주장했다. 이들은 결성대회에 진입하는 김영삼을 가로막고 야당의 보수성을 비판했다. 집회가 혼란에 빠지자 경찰은 무차별 진압을 벌여 300명이 넘는 시민을 연행했다. 이른바 '5·3인천항쟁'이라 불리는 사건이다. 이 항쟁으로 제도권 야당과 재야 운동 세력 간의 갈등이 심화되는데, 훗날 이 재야 운동 세력은 민주당계 정당과 대별되는 진보정당인 민주노동당의 주축이 된다. 한편 5·3인천항쟁 구속자들에 대한 구타

1986년 5·3인천항쟁 당시 신민당 개헌추진대회를 저지하기 위해 모인 시위대의 모습.

와 고문 그리고 강압적 조사는 결국 부천서 성고문사건과 박종철 고문
치사사건으로 이어지면서 1987년 6월항쟁의 기폭제가 된다.

국시논쟁과 유성환 의원 체포동의안

5·3인천항쟁과 반미 투쟁, 1986년 10월의 건국대 점거농성 등 학생
운동 진영의 저항이 과격해진 것은 전두환 정권이 공안 탄압을 재개
하는 데 좋은 핑곗거리가 되었다. 특히 공안 당국은 건국대 점거농성
을 '공산혁명분자의 폭력난동'으로 규정하고 2만 명에 가까운 경찰 병
력을 투입한다. 그리고 군사작전을 방불케 하는 강경 진압으로 무려
1295명을 구속해버리는데, 단일 사건으로는 역대 최대 규모였다. 전

두환 정권은 기세를 몰아 민주화 열기를 누그러뜨리기 위한 여론 조성에 나선다.

10월 13일, 다음 날 국회 본회의에서 대정부 질의가 예정된 신한민주당 유성환 의원의 원고가 유포되면서 한바탕 논란이 일었다. 유성환의 질의 원고에는 '대한민국의 국시國是는 반공이 아니라 통일이어야 한다'는 내용이 담겨 있었다. 당시는 동구권이 조금씩 열리면서 전 세계적으로 경제 교류가 활성화되는 시점이었다. 게다가 세계인의 축제라는 올림픽까지 앞둔 때였다. 다시 말해 유성환의 원고는 공산권 국가들과 경제적으로 교류하고 서울올림픽 참여를 유도하기 위해 '반공이 국시'라는 낡은 기조를 벗어던져야 한다는 취지였다. 민정당은 "용공적 내용을 간과할 수 없다"라며 신한민주당에 원고 수정을 요구했지만, 10월 14일 유성환 의원의 대정부 질의는 원고 수정 없이 그대로 진행되었다. 유성환 의원이 "이 나라의 국시는 반공보다 통일이어야 한다" "통일이나 민족이라는 용어는 공산주의나 자본주의보다 위에 있어야 한다"라고 발언하자 민정당 의원들은 고함을 질렀고, 일부 의원은 발언대로 뛰어나가 삿대질을 하기도 했다. 국회가 난리통이 되면서 이른바 '국시논쟁'이 점화된다.

10월 15일, 검찰은 국가보안법 위반으로 유성환 의원을 수사하겠다고 발표했고, 곧이어 법무부는 국회에 유성환 의원 체포동의요구서를 접수했다. 예상치 못하게 사건이 커지자 신한민주당은 당황하면서도 유성환 의원의 체포를 받아들일 수 없다는 당론을 세운다. 유성환 의원이 말한 통일은 자유민주주의를 근간으로 한 통일이며, 국회 본회의장에서 발언한 것은 면책특권이 있다는 게 신한민주당의 주장이

1986년, 유성환 의원 체포동의안을 가결하는 국회부의장.

었다. 그러나 정부와 민정당은 국회 기자실을 통해 배포된 유성환의 질의 원고에는 면책특권이 없다는 논리를 내세우면서 체포를 강행하려 했다. 유성환 의원에 대한 매카시즘 공세로 신한민주당의 개헌 요구를 꺾어놓겠다는 의도였다. 정권의 의도대로 관제 단체인 반공연맹과 재향군인회는 "반공은 국시다!"라는 구호를 내걸고 유성환 의원의 체포를 주장하는 시위를 벌이는 등 공안 여론 조성에 앞장섰다.

10월 16일, 민정당은 경호권을 발동해서라도 체포동의안을 처리하겠다는 입장을 밝힌다. 신한민주당은 여야 영수회담을 통해 문제를 원만하게 해결하자고 제안했지만 민정당 노태우 대표위원은 이를 거부한다. 그러자 신한민주당은 유성환 체포동의안은 의회주의에 대한 모독이라 규정하고 실력 저지에 나설 것을 천명했다. 이날 오후 신한민주당 의원들은 국회 본회의장을 점거하고 민정당 의원들의 진입을 막았다.

오후 10시 30분경, 국회에 진입한 경찰들은 의사당 1층 복도를 차단하고 신한민주당 의원들의 출입을 통제했다. 심상치 않은 기운을 느낀 신한민주당 의원들이 본회의장을 나서려 했지만, 경찰들의 단단한 벽을 뚫지는 못했다. 다급해진 신한민주당 측은 소화전을 열어 경찰들에게 소방용수를 뿌리는 등 돌파를 시도했지만 소용없었다.

대표위원실로 모여든 민정당 의원들은 비표를 받아 의사당 2층 참의원실로 이동했다. 10시 41분, 신민당과 국민당 등 야당 의원들이 배제된 상황에서 민정당 의원 146명과 무소속 이용택 의원 등 147명이 모인 가운데 본회의가 열렸다. 그리고 20분 만에 유성환 의원 체포동의안은 147명 전원 찬성으로 통과되었다. 헌정 사상 최초로 국회의원이 국회 본회의에서 발언한 게 문제가 되어 체포된 것이다.

전두환 정권의 공안 여론 몰이는 여기서 그치지 않았다. 10월 30일, 이규효 건설부장관은 북한이 금강산댐을 통해 수공水攻에 나설지도 모른다는 내용을 발표했다. 금강산댐에서 200억 톤이 넘는 물을 방류하면 서울이 물바다가 된다는 것이었다. 곧 언론을 통해 북한이 서울올림픽을 방해하기 위해 금강산댐을 건설했다는 과장된 선전이 이어졌고, 이에 대응하기 위해 '평화의댐'을 건설해야 한다는 호들갑이 등장했다. 오늘날 여실히 밝혀진 것처럼 이른바 '금강산댐 사건'은 북한의 위협을 과장하기 위한 정권 차원의 거대한 사기극이었다.

6월민주항쟁, 민주주의를 쟁취하다

전두환 정권의 공안 몰이는 그럼에도 민주화를 열망하는 국민의 거센 요구를 물리치지 못했다. 야당이 강력하게 개헌을 요구하는 상황에서 전두환은 1987년 4월 13일, 이른바 '호헌조치'를 발표한다. 1988년 서울올림픽 이후로 개헌 논의를 미룬다는 내용이었다. 전두환의 호헌 조치 발표는 성난 민심에 기름을 붓는 격이었다. 5월 27일, 야당 정치인과 시민단체, 학생운동권과 종교계 인사들이 '민주헌법쟁취국민운동본부'(국본)를 결성하고 직선제 개헌을 요구하는 범국민 규탄운동을 시작한다.

5월 18일, 정의구현사제단 김승훈 신부는 5·18광주민주항쟁 7주기 추모 미사에서 박종철 고문치사사건이 축소·은폐되었다는 사실을 폭로한다. 박종철이 병원에서 죽은 게 아니라 남영동 대공분실에서 숨졌으며, 수사 당국이 고문 가담자를 축소하고 개인적 일탈 행위로 은폐했다는 내용이었다. 무고한 학생의 죽음과 그 죽음의 진상을 은폐하려 한 정권에 대한 국민적 분노가 마침내 폭발했다. 국본은 민정당의 대통령 후보 지명 전당대회일인 6월 10일, 박종철 고문치사 은폐 규탄집회를 기획했다.

6월 9일, 각 대학 학생들은 6월 10일 집회를 준비하는 사전집회를 열었다. 그런데 이 집회에서 연세대학생 이한열이 최루탄에 맞아 쓰러졌다. 뇌사 상태에서 병원으로 실려간 이한열은 7월 5일 22세의 나이로 사망한다. 박종철과 이한열의 죽음은 전두환 정권에 대한 분노를 확산시켜 6월항쟁이 힘을 얻는 계기가 되었다.

1987년 7월 9일, 고 이한열 군의 운구행렬을 따라
서울시청 앞까지 추모행진을 벌인 수십만 명의 학생과 시민들.

　6월 10일, 서울 전역에서 시민들이 거리로 나섰다. 전두환 정권은 경찰력을 총동원해 시위를 진압했고, 3800명의 시민들을 연행했다. 그중 일부 시위대는 명동성당으로 피신해 농성을 시작했다. 경찰이 총력을 다해 진압했는데도 시위는 그칠 줄 몰랐다. 6월 18일에는 전국에서 최루탄 추방대회가 열렸는데 참가자는 150만 명에 달했다. 당황한 전두환 정권은 계엄령 선포와 군 투입을 검토했지만, 주한미군과 주한 미국대사가 이를 반대했다. 군대가 투입될지도 모른다는 소문이 돌았는데도 시위대는 점점 불어났다. 수십 년간의 군부독재를 종식시키고 민주화를 이뤄내고자 하는 시민들의 열망은 무력으로 억누를 수 없는 수준이 되었다.

　6월 29일, 결국 민정당 대통령 후보 노태우는 대통령 직선제를 실시하고, 국민의 기본권을 강화한다는 등의 내용을 담은 헌법 개정을 이루겠다는 이른바 '6·29선언'을 발표한다. 그리고 전두환 대통령은 이를 수용한다.

1960년 4·19혁명, 1979년 부마항쟁에 이어 1987년 6월항쟁은 민주주의를 향한 시민들의 강력한 의지를 또다시 보여준 사건이었다.

7장

제6공화국 출범과 선거법 개정안 날치기

어부지리로 출범한 노태우 정권

민주화를 향한 시민들의 열기로 뜨거웠던 1987년 6월은 결국 16년 만에 대통령 직선제를 쟁취하면서 마무리되었다. 거리의 정치, 광장의 정치가 전두환의 철권 독재 아래 꽁꽁 닫혀 있던 제도정치의 문을 열어젖힌 것이다. 6·29선언 뒤로 군부독재가 완전히 종식될 것이라는 기대에 찬 논평들이 뒤를 이었다. 그러나 그 기대는 섣부른 것이었다. 반년이 채 지나지 않은 1987년 12월 16일, 제13대 대통령 선거에서 신군부의 핵심 인사인 노태우가 대통령에 당선되었기 때문이다.

노태우가 당선된 배경에는 민주화 진영의 두 거물 정치인인 김영삼과 김대중의 갈등이 있었다. 민주화 세력은 단일 후보를 내세워 정권을 교체하기를 열망했지만 김영삼과 김대중은 끝내 대통령이라는 욕심을 버리지 못했다. 1987년 4월, 김영삼과 김대중은 신한민주당 총재 이민우의 내각제 수용에 반대해 탈당한 뒤 통일민주당이라는 이름으로 뭉쳤지만 결국 대통령 후보 단일화에는 실패한 것이다. 당권을 장악한 김영삼은 김대중에 대한 보수층의 불신을 지적하면서 자신이 후보로 적격이라 주장했고, 김대중은 지역주의 논리에 기반을 둔 이른바 '4자 필승론'에 집착해 당내 경선에 응하지 않고 독자 창당의 길을 걸었다. 이 갈등에는 후보 단일화를 막기 위해 민정당과 국가 정보

도로 위에 걸린 제13대 대통령 후보들의 홍보 플래카드.

기관이 펼친 공작도 한몫했다.

후보 단일화 실패는 지역주의 정치공학에 따른 '1노 3김'의 출마로 이어지고 말았다. 6월항쟁의 결실을 맺었어야 할 대통령 선거는 또다시 군부의 손에 좌지우지되었다. 1987년 대선은 이후 한국 정치의 고질적 문제로 지적되는 지역주의를 더욱 악화시켰고, 오랜 군부 정권 아래서 형성된 민주화 세력 간의 연대를 흔들었다. 그뿐 아니라 야당 지지층에게 광범위한 불신과 냉소를 안기는 계기가 되었다.[17]

노태우는 '1노 3김'이라는 4자 구도가 만들어지고, 선거 직전 '대한항공기 폭파사건'이라는 안보 변수로 군부 정권에 유리한 분위기가 조성되었음에도 36.6퍼센트를 득표하는 데 그쳐 28퍼센트의 김영삼과 27퍼센트의 김대중을 간신히 따돌렸다. 36.6퍼센트는 역대 대통령 당선자 가운데 가장 낮은 득표율이다. 결국 노태우 정권은 출범 직후부터 낮은 지지율을 의식해 군부독재의 잔재를 청산하고, 제도적 민주화를 이행하는 작업에 나설 수밖에 없었다. 그 작업에서 중요한 과제 하나는 바로 낡은 선거법을 고치는 일이었다.

정권의 입맛대로 바뀌어온 선거제도

대통령 선거가 끝나면 곧이어 국회의원 선거가 진행될 예정이었다. 대통령 선거를 직선제로 치룬 상황이었기에 국회의원 선거도 이전과 달리 민주적이어야 한다는 것이 중론이었다. 박정희와 전두환 정권을 거치면서 국회의원 선거제도는 정국 안정화라는 핑계로 집권 제1당에 매우 유리한 방식으로 설계되어 있었다. 따라서 민주적 선거제도를 마련해야 한다는 여론에 따라 선거법 개정 움직임이 본격화되었다. 그러나 그 방향을 두고 여야 간의 갑론을박이 끊이지 않았다. 이전과 달리 야당이 여러 당으로 쪼개져 있었기에 각 정당은 자신들에게 유리한 방향이 무엇일지 주판알을 튕기며 선거법 개정 협상에 임했다.

1988년 선거법 개정을 둘러싼 복잡한 논쟁을 이해하기 위해서는 그때까지 국회의원 선거제도가 어떻게 바뀌어왔는지 살펴볼 필요가 있다. 제1공화국의 선거제도는 소선거구 단순다수제 방식이었다. 비례 의석을 두지 않고 전국을 수백 개의 지역구로 나눠 한 지역구에서 다수 득표자 1인만 선출하는 제도다. 소선거구 단순다수제는 가장 간편한 제도지만 1위만 선출했기에 유권자들의 사표 방지 심리에 따라 가장 유력한 후보에게 표가 몰리는 과다 대표 현상이 벌어질 수 있었다. 그뿐 아니라 해당 지역의 유력자가 전국적인 인물을 압도하고 의석을 차지한다거나, 여러 정당이 난립할 경우 유권자 다수가 지지하지 않는 후보가 그 틈새를 비집고 당선되는 경우가 생겨났다.

제2공화국도 소선거구 단순다수제를 기본으로 삼았으나 양원제였다. 민의원은 전통적인 소선거구 단순다수제를, 참의원은 대선거구 제한연기제를 채택한 것이다. 대선거구 제한연기제는 역사상 제2공화국에서 단 한 번 시행된 선거제도로, 선출 정수가 여럿인 경우 선출 정수에 미치지 못하는 복수의 후보에 투표할 수 있는 제도다. 예를 들어 국회의원 세 명을 선출하는 지역구가 있다면 유권자들을 두 명에게 투표할 수 있었다. 이 제도는 사표 심리를 방지해 다수당의 의석 독점을 막고 소수파가 선출될 기회를 제공했다.

제3공화국에 들어서면서 국회의원 선거제도는 크게 바뀐다. 제6대 총선은 후보자 등록을 할 때 정당 공천을 법적 요건으로 규정하고, 무소속 출마를 금지했다. 정당 공천 규정과 무소속 출마 금지는 과거 제1, 제2공화국 시기와 달리 정당정치가 자리 잡는 데 큰 역할을 했지만, 공천권을 쥔 당 지도부의 권한을 과도하게 강화시켜 이른바 '보스 정치' '계파 정치'를 양산하는 단점을 낳았다. 또 이때부터 전국구 비례대표제를 도입했는데 의석을 득표수에 비례해 배분하지 않고 지역구 의석수를 기준으로 배분했다. 특기할 점은 정국 안정화를 명분으로 제1당에 전국구 의석 총수의 2분의 1을 배분하는 특혜를 주었고, 제2당이 잔여 의석의 3분의 2를, 제3당 이하가 지역구 의석수에 비례해 나머지 의석을 배분받았다는 것이다. 불공정해 보이는 이 방식은 구조적으로 강한 제1당과 약한 제2당이라는 양당체제를 지속시켰다.

유신체제가 본격화한 제4공화국에서는 노골적으로 박정희 정권이 국회를 장악할 수 있도록 선거제도가 기획되었다. 1구 1인 선출의 소선거구제를 1구 2인 선출의 중선거구제로 바꿔 선거구 대부분에서 집권당 입후보자가 안정적으로 당선되도록 보장했다. 이에 더해 국회의원 총수의 3분의 1을 대통령 추천으로 통일주체국민회의가 선출하는 유신정우회제도를 만들어 집권당이 원내를 쉽게 장악했다. 무소속 출마를 다시 허용한 것도 제4공화국의 특징인데, 입후보의 자유를 그 명분으로 삼았지만 실질적으로는 야당 후보의 표를 잠식하기 위한 제도적 견제 수단이었다.[18]

제5공화국은 제4공화국의 중선거구제를 이어받되 제3공화국 때의 전국구 비례대표제를 혼합했다. 전국구 비례대표의 의석 배분 방식은 제3공화국 때보다 더 노골적으로 제1당 프리미엄을 강화한 형식이었다. 지역구 의석 기준으로 제1당이 전국구 의석의 3분의 2를 차지하고, 나머지 3분의 1을 제2당 이하 정당들이 의석 비율에 따라 배분받았다. 이 구조에서는 제1당이 압도적인 다수당으로 의회를 장악할 수밖에 없었다. 따라서 새로 출범한 제6공화국은 제도적 민주화를 위해 새 선거제도를 고안해야만 했다.

4당 4색, 선거법 논쟁

1988년 여의도 정가를 뜨겁게 달군 선거법 개정 논란은 크게 네 가지 쟁점을 두고 벌어졌다.

첫째는 전국구 비례대표 의석 배분에 관한 것이었다. 제1당이 전국구 의석의 3분의 2를 가져가는 기존 방식을 바꿔야 한다는 점에서는 이견이 없었다. 여당인 민정당도 대선에서 아슬아슬하게 승리했기에 총선 승리를 장담하지 못하는 상황이었다. 제1당 프리미엄이 지나치게 큰 것은 불안 요소가 될 수 있었고, 무엇보다 여론에 부합하지도 않았다. 하지만 안정적인 국정 운영을 위해서는 어느 정도 다수당 프리미엄을 유지할 필요가 있었다. 야당들은 제1당 프리미엄을 없애고 각 정당의 득표율에 따라 의석을 배분하자고 주장했다.

여러 논쟁 끝에 결국 타협안이 도출되었다. 지역구 선거에서 과반 의석을 차지한 정당이 없는 경우 최다 의석을 확보한 제1당이 전국구 의석의 절반을 가져가고, 5석 이상 얻은 모든 정당이 의석수에 비례해 나머지 의석을 배분받는다는 것이다. 반면 제1당이 지역구 선거에서 과반을 달성하면 지역구에서 5석 이상 차지한 모든 정당이 지역구 의석수에 비례해 의석을 배분받기로 했다. 정국 안정화를 위해 제한적으로 제1당 프리미엄을 유지하되 이전에 비해서는 그 혜택을 줄이자는 타협책이었다.

둘째는 선거운동에 관한 것이었다. 민정당은 기존 방식보다 선거운동의 폭을 좁히자고 제안했다. 이에 선거운동 기간을 단축하고 합동연설회 대신 개인연설회를 실시하자는 안을 내놓았다. 관제 조직 선거가 수십 년간 이어져온 한국 사회에서 선거운동 축소는 여당에게 매우 유리했다. 합동연설회를 폐지하자는 주장은 다당 구도에서 합동유세를 진행하면 여당 후보가 다수의 야당 후보에게 집중 공격을 받기에 이 상황을 피해보겠다는 꼼수다. 그러나 선거운동에 관한 민정당의 제안은 야당의 격렬한 반대에 부딪혔다. 여당의 선거운동이 조직 선거였다면, 야당의 선거운동은 유세 선거였기 때문이다. 선거운

선거법 협상 문제로 회담 중인 야권 3당 의원들.

동을 통해 바람을 일으키는 게 야당의 전통적 전략이었기에 당적을 불문하고 모든 야당이 선거운동 기간을 축소하자는 민정당의 제안을 거부했다. 또 합동연설회는 공영선거를 치르자는 취지에서 도입된 것이기에, 이를 폐지하고 개인연설회 비중을 높이자는 것은 사영선거를 하겠다는 것 아니냐는 비판이 일었다. 선거운동의 확대와 축소를 둘러싼 논쟁은 좀처럼 타협점을 찾지 못했다.

셋째는 부재자투표에 관한 것이었다. 이승만 정부 시절부터 '관권 부정선거'라는 전통(?)이 이어져왔기에 과연 부재자투표가 공정하게 관리될 수 있겠느냐는 우려가 팽배했다. 특히 군대의 부재자투표는 여당의 동원 투표라는 말이 있을 정도로 부정 시비가 끊이지 않았다. 공정한 투표 관리와 더불어 부재자투표를 어디까지 허용할 것이냐를 두고도 논쟁이 길어졌다. 부재자투표가 부정선거에 악용될 것을 우려한 야당이 장기 해외 출국자에게까지 부재자투표를 허용하자는 민정당 안을 받아들이지 않으면서 대립각은 더 커졌다.

넷째는 가장 뜨거운 감자였던 선거구 획정을 둘러싼 문제였다. 다른 쟁점에서 야당들이 어느 정도 통일된 입장이었다면, 선거구 획정 문제를 두고는 야당 간에도 의견이 모이지 않았다. 민정당은 인구 비례에 따라 지역구의 의원 선출 정수를 1인부터 4인까지 다양하게 구성하자고 주장했다. 민정당이 내세운 명분은 좋았다. 산업화와 도시화로 도시 인구가 증가하면서 국민들의 이해관계가 다원화되었기 때문에 대도시에서는 많이 뽑고 소도시에서는 적게 뽑자는 것이다. 곧 시군구를 기본 단위로 하되 인구 25만 명 이하인 지역에서는 1인을, 25~30만 명인 지역에서는 2인을, 50~75만 명인 지역에서는 3인을, 75~100만 명인 지역에서는 4인을 선출하자는 안이다. 그러나 민정당의 주장은 사실 여촌야도 현상을 역이용하겠다는 발상에서 나온 것이다. 여당 지지층이 많은 소도시 지역에서는 한 명만 선출해 지역구를 독점하고, 야당 지지층이 많은 도시 지역에서는 중선거구제 방식을 채택해 안정적 당선을 도모하겠다는 속셈이었다.

김대중과 평화민주당은 민정당의 안이 독재 정권의 잔재인 중선거구제를 유지하겠다는 것이나 다름없다며 강력하게 반발했다. 그러면서 선거법 개정의 방향은 소선거구제가 되어야 한다고 주장했다. 일반적으로 다당제 구조에서 소선거구제는 제1당에 유리하다. 그러나 평화민주당은 제1당인 민정당의 지지율이 그리 높지 않을뿐더러 서울과 호남 지역에서 자신들이 강력한 지지를 받고 있으니 소선거구제가 해볼 만하다고 판단한 것이다.

문제는 통일민주당이었다. 호남 전역에서 압도적 지지를 받는 평화민주당과 달리 통일민주당은 영남권 내에서도 민정당과 경쟁하는 입장이었다. 따라서 2등까지 당선되는 중선거구제가 더 안정적으로 의석을 보장받을 수 있는 길이라고 내다보고, 기존 중선거구제를 보완하는 방향으로 가야 한다는 입장이었다.

김종필이 이끌던 공화당도 사정은 비슷했다. 공화당은 상대적으로 인구가 적은 충청도에 기반을 두고 있는데다, 보수 지지표를 민정당과 갈라 먹는 상황이었기에 소선거구제가 불리했다. 그렇다고 중선거구제를 유지한다 해서 뚜렷한 해법이 있는 것도 아니었다. 이에 공화당은 중선거구제 기조는 유지하되 인구 비례에 따라 한 지역구에서 2인에서 4인까지 선출 정수를 늘리자고 제안했다. 지역별 선출 정수가 늘어나면 제4당이라도 의석을 노려볼 만하다는 노림수였다.

이처럼 제13대 국회의원 선거를 앞두고 각 정당들은 각기 다른 계산법으로 선거법 개정 협상에 임했다. 여당과 야당 간에 의견이 달라도 합의가 쉽지 않은데 무려 네 정당이 각기 다른 주장을 펼치는 상황이었기에 타협점을 찾기는 더 어려웠다. 그런데 선거법 협상이 길어지는 또다른 이유가 있었다. 바로 통일민주당과 평화민주당 사이에서 진행된 야권 통합 논의 때문이었다.

주도권 싸움으로 좌초된 야권 통합

1987년 대통령 선거가 야권의 패배로 끝나자 20년 가까이 야당의 강력한 리더로 자리 잡았던 양 김씨에 대한 책임론이 거세게 일어났다.

양 김씨의 대권 욕심 때문에 군부 정치를 종식시킬 기회를 날려버렸다는 비판이었다. 다가오는 총선에서도 민정당이 승리한다면, 군부독재가 재현될 것이라는 우려마저 제기되었다. 자연스럽게 양 김씨의 퇴진을 통해 대선 과정에서 일어난 야권의 갈등과 분열을 봉합하고 야권 통합을 이뤄내 총선만큼은 승리해야 한다는 분위기가 형성되기 시작했다.

1988년 2월 8일, 김영삼은 야권 통합을 위해서는 물러날 의향이 있다며 통일민주당 총재직에서 전격 사퇴한다. 평화민주당은 이에 화답해 임시 전당대회를 열어 야권 통합을 위한 수임기구를 구성한다. 이런 움직임에 따라 총선 전 통합에 대한 기대감은 점차 높아졌다.

그러나 상대적으로 소수파였던 평화민주당은 통합 이후 주도권 경쟁에서 밀릴 것이라 내다봤다. 오랫동안 민주당 계열 정당의 당권을 쥐었던 김영삼과 달리 조직력이 약한 김대중은 통일민주당이 주장하는 양 김씨의 '2선 퇴진론'을 쉽게 받아들일 수 없었다. 게다가 선거구 획정 문제를 둘러싼 양당 사이의 이견도 쉽게 좁혀지지 않았다. 통합 논의 과정에서 양당은 소선거구제를 추진하는 것으로 합의했지만, 김대중의 총재직 사퇴를 둘러싸고 균열이 생기면서 결국 야권 통합은 파탄이 난다.

민주화 시대에도 변함없는 날치기 입법

1988년 2월 25일, 대통령으로 취임한 노태우는 곧바로 여당에 소선거구제 수용을 지시한다. 노태우가 야당의 주장을 받아들여 소선거구제를 수용한 것은 선거법 개정 문제를 길게 끌지 않고 총선에 임하기 위해서였다. 정부 출범 직후 총선을 빠르게 치러야 민정당에게 유리한 결과가 나올 것이라는 계산이었다. 야당의 의견을 수용하는 모양새를 취해 여론의 주목을 받고, 정국을 총선 국면으로 빨리 전환해 야권 통합 움직임을 견제하려는 의도였던 것이다. 또 노태우는 소선거구제를 도입해 선거구가 확정되면 전두환 정권의 사람이 아닌 자기 사람을 더 많이 공천할 수 있다는 노림수도 가지고 있었다.

3월에 되면서 민정당은 야권의 통합 논의 때문에 선거법 개정 협상이 지연되고 있다며 야당 책임론을 들먹이면서 선거법 개정안의 빠른 처리를 촉구한다. 그리고 정국은 급변한다. 민정당이 선거법 개정안 단독 처리를 불사하겠다는 입장을 밝혔기 때문이다. 그러자 야당은 민정당의 개정안에는 부정선거를 막기 위한 대책이 빠져 있는데다, 선거운동의 폭을 축소하겠다는 것은 공영선거 기조에 어긋난다면서 개정안 통과를 저지하겠다고 선언한다. 그렇지만 통일민주당과 평화민주당은 민정당의 개정안에 맞서는 단일한 안이 없는 상황이었다. 정국을 민정당이 주도하는 모양새를 막아야 한다는 데에는 공감했지만, 야당이 주장한 소선거구제를 민정당이 수용했다는 명분을 무색하게 할 만한 대안을 내놓기는 쉽지 않았다.

3월 7일, 야당은 민정당의 개정안 단독 처리를 막기 위해 국회 본회의장을 점거했다. 그러나 이들은 몸싸움도 불사하며 강경하게 날치기에 저항하던 과거 야당 의원들이 아니었다. 통일민주당은 7일 오후가 되어서야 소선거구제에 대한 당론을 정했을 정도로 선거법 개정 국면에서 우왕좌왕했다. 평화민주당 역시 부정선거에 대한 독소조항이 포함된 개정안에 반대한다고 목소리를 높였지만, 야권 통합과 김대중의 거취 문제로 당 내부가 혼란스러워 사실상 개정안 처리 문제는 체념한 듯했다. 야당 의원들이 무기력한 모습을 보이는 가운데 본회의는 장시간 여야 의원들의 대치 속에서 표류했다.

하루가 지난 3월 8일 새벽 2시, 지루한 대치로 야당 의원들이 꾸벅꾸벅 졸던 때였다. 민정당 장성만 국회부의장은 국회 경위 30여 명을 대동하고 의장석에 올라 기습적으로 개회를 선언했다. 그러고 나서 채 2분이 지나지 않아 장성만 부의장이 선거법 개정안을 상정하자, 민정당 의원들이 일제히 "이의 없다"고 외치면서 법안은 가결되었다. 민주화 시대의 첫 국회 날치기였다.

민정당의 선거법 날치기를 두고 "군부독재 시절의 구태를 벗지 못했다"라는 비판이 뒤를 이었지만 여론의 화살은 날치기를 통과시킨 여당만이 아니라 야당에게도 향했다. 선거법 개정 협상과 야권 통합이라는 두 쟁점에 관해 뚜렷한 해답을 내놓지 못한 야당의 무능을 성토하는 신문 사설들이 쏟아져 나왔다. "여당이 날치기를 했지만 야당이 억울하게 됐다고 동정받을 여지도 별로 없는 형편이다."(《중앙일보》), "야권 통합과 맞물려 엎치락뒤치락하는 바람에 여당에게 강행의 구실을 제공했다."(《동아일보》), "여당이든 야당이든 국민을 위한 정치가 아니라 당리당략에 매달렸다."(《경향신문》)

여당의 날치기에도 불구하고 야당에 대한 비판의 목소리가 쏟아져 나오는 이례적인 상황에서 노태우와 민정당은 정국을 주도할 수 있겠다는 자신감을 얻는다. 민정당은 소선거구제를 수용하는 대신 전국구 의원 배분에 관해서는 제1당 프리미엄을 상당 부분 유지해 명분과 실리 모두를 챙겼다고 자화자찬했다. 여유 있게 과반을 차지할 수 있을 것이라는 낙관이 팽배했다. 반대로 야당은 수세에 몰렸다. 3월 중순, 야권 통합 협상이 최종 결렬되면서 대선에 이어 총선에서도 야권이 함께 몰락할지 모른다는 비관적인 예측이 뒤이었다. 이처럼 여야의 희비가 엇갈리는 상황에서 1988년 4월 26일, 민주화 이후 처음으로 그것도 다당제 구도 아래서 제13대 국회의원 선거가 실시되었다.

여소야대는 결국 강력한 여대야소로

제13대 총선 결과는 예상 밖이었다. 민정당은 지역구 의석 224석 가운데 87석을 차지해 제1당이 되었고, 제1당에게 주어지는 전국구 의석의 절반을 가져갈 수 있었지만 125석을 확보하는 데 그쳤다. 기대했던 과반 의석 확보에는 실패한 것이다. 정당정치가 자리 잡은 제2공화국 이래 첫 여소야대 국회의 탄생이었다. 정권 초부터 여소야대 정국을 맞이한 민정당에게는 뼈아픈 결과였다.

평화민주당은 호남 지역에서 압도적 지지를 받은 데다 수도권 지역에서도 가장 많은 의석을 확보해 지역구 54석과 전국구 16석을 얻어 총 70석의 원내 2당으로 도약했다. 평화민주당은 선거법 개정안의 가장 큰 수혜자였다. 소선거구제를 통해 경쟁력 있는 지역 의석을 석권했고, 전체 득표율에서 통일민주당에 뒤졌는데도 지역구 의석수에 비례해 전국구 의석을 배분한다는 개정안에 따라 통일민주당보다 전국구 의석을 3석이나 많이 받았다.

반면 소선거구제 도입으로 가장 타격을 많이 받은 통일민주당은 지역구와 전국구를 합쳐 총 59석을 얻는 데 그쳤다. 많은 지역구에서 2위를 차지한 통일민주당은 전국적으로 고른 득표율을 보였지만 소선거구제에서 2위는 무의미했다. 지난 대선에서 2위에 오르며 민주 계열 정당의 적자를 자임했던 통일민주당이 평화민주당에 밀려 제3당으로 전락한 것은 그들에게는 상당한 손실이었다. 야권 통합 문제에서도 주도권을 빼앗길 위기에 처한 것이다.

김종필의 공화당은 경기도와 충청도에서 선전해 총 27석을 확보하면서 정국 운영의 캐스팅보트를 쥐게 되었다. 여소야대 국면에서 집권당인 민정당이 국회 과반의 동의를 얻기 위해서는 보수 이념을 공유하는 공화당의 협조가 필수불가결해진 것이다.

제13대 총선은 1987년 대선에 이어 지역주의 편향이 강하게 나타난 선거였다. 그뿐 아니라 개정 선거법의 영향으로 다당제 아래 여소야대 국면이 펼쳐진 특기할 만한 결과를 낳았다. 국민들은 선거법 개정을 둘러싸고 여야가 실망스러운 모습을 보였음에도 13대 국회가 민주화 시대에 걸맞는 타협과 조정의 정치를 펼칠 것으로 기대했다. 실제로 노태우 정권과 13대 국회는 5공 청산 작업과 대북 유화책이라는, 새로운 시대적 과제들을 제도정치 영역에서 풀어내 개선된 모습을 보여주기도 했다. 그러나 오래 가지 못했다. 1990년 1월 22일, '3당 합당'이라는 정치적 야합이 일어나면서 한국 정치사는 다시 한 번 격변을 맞이하기 때문이다.

8장

3당 합당과 방송관계법 날치기

의혹만 남긴 채 끝나버린 5공 청문회

1987년 6월항쟁 이후 '5공 청산'을 바라는 목소리가 점차 커졌다. 전두환으로부터 정권을 넘겨받은 노태우는 이전 정권과 선을 그어야할 필요성을 느꼈고, 또 여론이라는 사회적 압력으로부터도 결코 자유롭지 못했다. 노태우 정권이 출범 직후 '5공 비리' 수사를 본격화할 수밖에 없었던 이유다.

새 정부가 출범한 바로 다음 달인 1988년 3월, 새마을운동중앙본부 회장이던 전두환의 동생 전경환이 전격 구속된다. 수년간 '새마을 성금'이라는 명목으로 기업으로부터 금품을 받아온 사실이 드러난 것이다. 전경환을 시작으로 전두환의 큰형 전기환과 사촌동생 전우환, 처남 이창석 등 전두환의 친인척들이 줄줄이 비리 혐의로 구속된다. 그리고 13대 국회는 1988년 6월 '제5공화국에 있어서의 정치권력형 비리조사 특별위원회'(5공특위)를 설치한다. 5공특위는 전두환 일가의 해외 재산 도피, 새마을 비리, 일해재단 의혹, 연희동 사저 비리, 국제그룹 사건, 삼청교육대 같은 전두환 정권 시절 발생한 권력형 비리들을 하나하나 조사해나간다.

여기서 그치지 않았다. 전두환 정권에 희생당한 이들을 재조명하는 작업도 병행되었다. 1989년 7월, 국회는 '5·18광주민주화운동 진상

5공 청문회에 출석한 장세동의 증언을 시청 중인 시민들.

조사 특별위원회'(광주특위)를 설치하고 그동안 은폐되어 왔던 광주 학살의 진상을 본격적으로 밝혀낸다. 11월 3일, 5공특위와 광주특위 는 5공화국 인사들을 대상으로 청문회를 열었다. 텔레비전으로 생중 계된 청문회는 사회적 관심을 반영하듯 70퍼센트에 달하는 대단히 높은 시청률을 기록했다. 그러나 청문회에 불려나온 증인들은 국회의 원들의 질문에 대부분 모르쇠로 일관해 국민들의 분노를 산다. 노태 우 정권은 사실상 전두환 정권의 후신이나 다름없었기에 5공 청산 작 업을 적당히 마무리 짓고 싶어 했지만 분노한 여론을 의식하지 않을 수 없었다. 여론은 비리와 학살 책임자 전두환을 청문회에 세워야 한 다는 쪽으로 강하게 흘러갔다. 분노한 여론을 가라앉히기 위해 노태 우는 일종의 합의를 통해 전두환을 백담사로 보낸다. 11월 23일, 연희동 자택 앞 골목에서 대국민 사과 성명을 발표한 전두환은 그렇게 백담사로 떠났다. 이른바 노태우 정권의 '유배 조치'라 할 수 있다.

13대 국회가 5공 청산 작업을 밀어붙일 수 있었던 것은 국민의 지지와 여소야대 국면에서 야당들 간의 공조가 활발했기 때문이다. 특히 제1 야당인 평화민주당은 호남의 강력한 지지에 힘입어 광주특위를 주도했다. 통일민주당도 노무현이라는 청문회 스타를 배출하며 총선 패배의 분위기를 일신했다. 청문회를 둘러싼 열기가 드높았던 만큼 평화민주당과 통일민주당은 자신들이 주도하는 청문회에 전두환을 증인으로 출석시키기 위해 경쟁하는 웃지 못 할 촌극을 벌이기도 했다. 우여곡절 끝에 전두환은 백담사로 떠난 일 년 뒤인 1989년 12월 31일, 마지막으로 열린 광주특위와 5공특위 연석회의에 서면 질의에 증언하는 형태로 참석한다. 그러나 광주에서 발포한 것이 자위권 행사였다는 등 핵심을 비켜가는 무책임한 발언으로 일관하며 야당 의원들을 격분케 했다. 전국을 떠들썩하게 만들었던 청문회는 사건의 진실을 제대로 밝히지 못한 채 끝나버린다.

청문회 정국에서 어떤 역할도 하지 못한 김종필의 공화당은 여소야대 정국의 캐스팅보트 역할을 강조하면서 재야 진보 인사들이 평화민주당을 통해 제도권 정치로 진입하는 것을 불만스럽게 바라봤다. 지금과 같은 구도에서는 차기 대선에서도 권력을 쟁취하기 어렵다고 판단한 그는 1988년 8월, 의원내각제 개헌이 필요하다는 발언으로 구도 개편의 운을 띄운다. 마찬가지로 구도 개편의 필요성을 느낀 민정당 윤길중 대표가 내각제 개헌을 고민해볼 수 있다는 발언으로 화답하면서 여소야대 국면의 야당 공조체제에 점차 균열이 생긴다.

3당 합당이라는 '구국의 결단'

1989년 3월, 문익환 목사가 방북한 사실이 알려지면서 정가에는 찬바람이 불었다. 이를 기회로 노태우 정권은 재야 통일운동에 대한 대대적인 탄압을 벌인다. 재야 운동권과 긴밀하게 연결되어 있던 평화민주당도 된서리를 맞았다. 6월에는 평화민주당 서경원 의원이 국가보안법 위반 혐의로 구속되는데, 과거 방북 사실이 안기부 조사로 밝혀진 것이다. 평화민주당 현직 의원이 국가보안법 위반으로 수사를 받자 김대중과 평화민주당은 강한 이념 공세에 시달린다.

노태우 정권이 주도한 '신新공안정국'은 1987년 이후 거세게 몰아치던 노동운동을 겨냥한 것이기도 했다. 전국 곳곳에서 노동조합이 속속 결성되었는데, 1987년 6월 2700여 개에 불과했던 노동조합 수는 1989년에 이르면 8000여 개에 달할 정도로 크게 성장한다. 민주화 바람을 타고 그동안 착취만 당해왔던 노동자들이 자신의 권리를 찾기 위해 나선 결과다. 대표 산업도시 울산에서는 현대그룹 계열사를 중심으로 현대그룹노조협의회가 결성되는 등 노동운동의 규모와 조직은 급격히 확대되었다. 1988년 5월 28일, 전국교직원노동조합이 출범한 것도 그런 분위기에 힘입은 것이다.

저임금 장시간 노동으로 높은 이익을 챙기던 재벌 그룹들과 경제성장을 내세우며 노동 탄압에 적극적이던 정부가 이를 두고 볼 리 없었다. 노태우 정권은 곧바로 전국교직원노동조합을 불법으로 규정하고 참여 교사 1527명을 파면·해임하는 등 강도 높은 탄압에 나선다. 1989년 3월 30일, 8000여 명의 경찰 병력을 동원해 현대중공업 노동자들의 108일 파업을 강제로 진압한 것도 공안정국을 조성하기 위한 일환이었다.

이 시기 김영삼은 정국 주도와 대권을 위해서는 새로운 돌파구가 필요하다는 판단을 내린다. 1989년 4월 14일, 통일민주당 사무총장 서석재가 재보궐 선거에서 상대 후보를 매수한 혐의로 구속된 사건은 그 판단을 굳히는 결정적 역할을 한다. 서석재 사건으로 1989년 8월 재보궐 선거에서 통일민주당은 민주정의당에 패배한다. 서석재 의원은 당 중진이자 김영삼의 측근이었기에 그의 구속과 선거 패배는 기세를 올리던 통일민주당에 큰 타격을 줄 수밖에 없었다. 이에 김영삼은 '구국의 결단'을 앞세우며 정치 지형을 뒤흔든다.

1990년 1월 22일, 노태우와 김영삼 그리고 김종필은 청와대 접견실에서 '새로운 역사 창조를 위한 공동선언'을 발표한다. 이른바 '3당 합당' 선언이었다. 민주자유당이라는 이름을 내건 합당 세력은 그 의석이 221석에 달해 개헌 정족수마저 훌쩍 넘어서는 거대 여당이 되어버린다. 민의에 따라 형성된 여소야대 다당제 구도가 정치 지도자들의 밀실 야합으로 단번에 뒤집힌 것이다.

여소야대 국면에서 노태우와 민정당은 국민들의 민주화 요구와 야당 공조체제에 밀려 정국 주도권을 쥐지 못했고, 김영삼과 통일민주당은 김대중을 누르고 대권을 차지하기 위해서는 민정당의 협력이 반드시 필요했다. 김종필과 공화당은 내각제 개헌과 권력 지분 확보가 절실했다. 3당 합당은 각 정파의 이해가 맞물리면서 성사될 수 있었던 것이다. 한순간에 권력 구도가 바뀌면서 야당은 급격하게 왜소화된다.

여대야소라는 새로운 구도 아래 1990년 6월 18일 처음으로 열린 임시국회에서는 국군조직법 개정안, 방송 구조와 관련한 법안들, 광주보상법 같은 쟁점 법안들과 2조 원에 달하는 추경 예산을 처리해야 했다. 첨예한 갈등이 예상되는 상황이었지만 민주자유당은 협상과 타협 없이 다수 의석을 내세우며 독주한다.

쟁점1 - 방송관계법 개정안과 민영방송의 출범

5공화국 시절 '땡전 뉴스'라는 비아냥거림을 받아가며 권력에 몸을 낮췄던 방송가에도 군부독재가 종식된 이후 민주화 바람이 불었다. 1988년 새로 취임한 서영훈 〈KBS〉 사장은 방송 민주화를 외치던 노동조합에 호의적이었다. 당시 광주항쟁을 다룬 프로그램을 방영하기도 했던 〈KBS〉는 시사프로그램 비중을 늘리는 등 공영방송으로서 제 역할을 찾기 위해 노력했다. 〈KBS〉의 변화를 못마땅하게 여긴 민정당이 규탄 성명을 발표할 정도로 그 행보는 강렬했다. 〈KBS〉는 노조 활동으로 해직된 직원들을 복직시킨 것은 물론 사원 복지까지 확대했다. 그러나 1990년 4월, 노태우 정권은 법정 수당 변칙 지출을 구실로 서영훈 사장을 해임하고, 그 자리에 청와대 대변인과 〈서울신문〉 사장을 지낸 친정부 인사 서기원을 임명한다.

〈KBS〉 노조는 서기원의 임명을 정부의 언론 장악을 위한 기도로 규정하고 파업에 돌입한다. 여론은 노동조합 편이었다. 파업의 원인이 누구에게 있느냐는 설문조사에 서울 시민 74퍼센트가 정부와 경영진 책임이라 답했을 정도로 노태우 정권의 '낙하산 인사'는 많은 비판을 받았다.[19] 그럼에도 노태우 정권은 경찰력을 투입하면서까지 파업을 진압하고 노동조합 간부들을 구속함으로써 방송 민주화 움직임을 일찍이 차단하려 했다.

그러나 방송 민주화 움직임은 〈KBS〉만이 아니라 〈MBC〉와 그 밖의 언론사에서도 이미 활발하게 진행되고 있었다. 언론인들의 방송 민주화에 대한 요구가 거세지자 노태우 정권은 이를 뒤엎을 새로운 수단을 찾는다. 그것은 방송관계법을 개정해 민영방송을 설립하는 방안이었다. 방송 시청자 증가에 따른 다양한 욕구를 충족시키고, 늘어나는 텔레비전 광고 수요를 감당하기 위해 민영방송을 설립하겠다는 것이 정부의 법안 개정 취지였다. 그러나 그 이면에는 노태우 정권과 가까운 건설 재벌에 민영방송 특혜를 제공하고, 정부에 호의적인 방송국을 늘려 여론을 좌지우지하려는 속셈이 있었다.

실제로 민영방송 〈SBS〉의 방송사업권은 이미 내정설이 파다했던 태영건설에 돌아갔는데, 이 때문에 민영방송 설립 과정에 정권과 자본의 '검은 유착'이 있었다는 의혹이 강하게 제기되었다. 민영방송의 등장은 1990년대에 본격화하는 방송의 상업화와 선정성 경쟁을 예고하는 것이었다.

쟁점2 – '광주보상법' 논쟁

13대 국회에 광주특위가 설치되고 5·18광주민주화운동이 재조명되면서 군부 정권의 희생자들에 대한 배상과 보상을 둘러싸고 여야가 논쟁을 벌인다. 이른바 '광주보상법' 논쟁이다. 이 문제는 신군부가 권력을 장악하는 과정을 법으로 규정하는 것이나 다름없기에 그 명칭과 용어 그리고 적용 대상자를 둘러싸고 여야는 첨예하게 대립한다.

　민주자유당은 광주보상법을 과거사 정리 차원에서 접근해 '광주민주화운동 관련자 보상 등에 관한 법률'이라는 명칭을 제안했고, 평화민주당은 희생자 유가족의 의견을 반영해 '5·18광주의거희생자의 명예 회복과 배상 등에 관한 법률'이라는 명칭을 내세웠다. 민주자유당은 물질적 치유에 중점을 두면서 '보상'이라는 용어를 사용해 그 피해를 적법 행위에 따른 것으로 보려는 관점을 드러냈다. 이는 노태우 정권의 정당성을 훼손하지 않기 위한 민주자유당의 계책이었다. 그러나 야당은 희생자들의 명예 회복과 더불어 '배상'이라는 용어를 사용함으로써 그 피해가 국가의 고의적인 불법행위 때문에 발생한 것이라는 점을 강조했다.

　여야의 관점 차이는 법안 적용 대상자 부분에서도 나타났다. 민주자유당은 사망자와 행방불명자, 부상자를 적용 대상자로 규정하려 했고, 평화민주당은 그 사건으로 구속되거나 유죄판결을 받은 이들까지 피해자로 규정해야 한다고 주장했다. 이미 5·18과 관련해 유죄판결을 받은 이들이 사면·복권되었지만, 애초 사건 자체가 국가 폭력으로 발생한 것이기에 재심을 통해 면소판결을 해야 한다는 것이다.

　이후 광주보상법을 둘러싼 13대 국회의 논쟁은 민주자유당의 날치기로 허무하게 마무리되지만, 1995년 14대 국회에서 '5·18민주화운동 등에 관한 특별법'이 만들어지면서 신군부의 계엄령 선포와 광주 학살은 '헌정 파괴' 행위로 명확히 규정된다. 아울러 희생자와 피해자들에 대한 '보상'이라는 용어도 '배상'이라는 용어로 재규정된다.

오랜 군부독재를 물리치고 민주화를 이뤘지만 신군부 출신 인사가 또 다시 정권을 장악한 상황이었기에 많은 이들은 군부의 힘을 무시하지 못했다. 군부가 언제 또 쿠데타를 일으킬지 모른다는 불안감이 사회에 퍼져 있었던 것이다. 군을 문민이 통제해야 한다는 여론이 강하게 제기된 건 어쩌면 당연한 일이었다. 이 여론에 따라 노태우 정권은 국군조직법 개정안을 내놓는다.

노태우 정권이 추진한 국군조직법 개정안의 골자는 육군, 해군, 공군이라는 3군 병립제를 통합군제로 바꾸는 것이었다. 각 군의 본부가 가지고 있던 군령권과 군정권을 분리해 군령권은 합동참모본부가 갖고 각 군은 군정 분야만을 담당하도록 기능을 축소하는 내용이다. 군령권은 군사상의 명령을 내릴 수 있는 권한으로 전시 군사작전권을 의미하고, 군정권은 군사 행정에 관한 권한으로 평시 군의 편제와 인사, 군수 권한을 뜻한다. 노태우 정권은 통합적인 작전 지휘로 전시 효율성을 강화해야 한다는 명목을 내세우며 합동참모의장의 권한을 확대하려 했다.

그러나 해군과 공군이 개정 움직임에 크게 반발하고 나섰다. 압도적으로 육군의 비중이 높은 상황에서 합동참모의장 자리는 으레 육군에 돌아갈 것이라는 비판이었다. 야당도 문민 통제 원칙이 훼손될 수 있다며 반대했다. 합동참모의장 한 사람이 작전 지휘권을 독점한다면, 대통령과 국방부장관이 과연 전시에 적절히 군을 통제할 수 있겠느냐는 것이었다. 야당은 작전 지휘권을 3군 참모총장이 나눠 갖고 합동참모의장이 국방부장관을 보좌하면서 자문 역을 맡는 형태가 문민 통제 원칙에 부합한다고 주장했다.

국군조직법 개정안은 유사시 군부가 작전권을 장악하고 대통령과 국방부장관을 허수아비로 만들 위험을 내포했다. 문민 대통령과 문민 국방부장관에 비해 정보와 군의 실권을 독점한 직업군인 한 사람이 전횡을 저지를 수 있는 체제가 될 가능성이 있기 때문이다. 결국 해군과 공군, 야당의 반발로 군령권과 군정권을 모두 합동참모의장에게 몰아주고자 했던 노태우 정권의 초기 안은 군령권만 일원화하는 것으로 수정된다. 그러나 신군부 세력과 '하나회'라는 사조직이 남아 있는 상황에서 국군조직법 개정안은 여전히 불안의 불씨가 된다.

파행으로 치달은 국회

3당 합당 이후 압도적 의석을 확보한 민주자유당의 행보는 거침이 없었다. 1990년 3월 12일, 국회 국방위원회는 야당 의원들이 반발하는 가운데서도 통상 절차 없이 국군조직법 개정안을 변칙으로 통과시킨다. 5월 29일에는 보이콧을 선언한 야당 의원들을 제쳐두고 민주자유당이 단독으로 임시국회를 연 뒤 국회의장과 부의장을 각각 선출한다. 그리고 7월 10일에는 역시 여당 의원들만 참석한 문교공보위원회에서 방송관계법안이 기습 처리된다.

이런 식으로 법안 대부분이 상임위에서 제대로 된 심사나 논의 없이 통과되고 있었다. 이에 야당은 본회의에서 실력으로 법안 통과를 저지하겠다며 국회의장석을 점거한다. 그러나 14일 오전 민주자유당

방송관계법 개정안의 문공위 통과에 항의하며 제작 거부 찬반투표를 진행한 〈MBC〉 노조.

은 미리 계획한 시나리오대로 움직인다. 오전 10시 30분, 의장석이 아닌 일반 의원석에 앉아 있던 김재광 부의장이 갑자기 일어나더니 개의를 선포한다. 그리고 마이크도 없이 육성으로 개의를 선포한 지 30초 만에 민주자유당 의원들의 "이의 없습니다"라는 대답으로 26개 안을 일괄 처리해버린다. 모든 과정이 일반 의석에서 육성으로, 게다 가 의사봉도 없이 진행되는 바람에 의장석을 점거한 야당 의원들은 진행 상황조차 파악할 수 없었다. 심지어 국회 사무처는 속기록도 남 기지 못했다. 이른바 '7·14날치기파동'이라 불리는 사건이다.

　야당은 재석 과반수도 확인하지 않았고, 표 집계도 하지 않았으며, 속기록도 없으므로 본회의 의결은 무효라며 즉각 반발했다. 본회의 전날인 7월 13일 야당 의원 4명이 의원직사퇴서를 제출한 데 이어 날치기 이후인 7월 23일에는 야당 의원 75명이 단체로 의원직사퇴서를 제출한다. 13대 국회는 이렇게 파행으로 치달았다.

상황이 이런데도 민주자유당은 뻔뻔함으로 일관했다. 한때 야당 지도자였으며 날치기 표결로 제명까지 당했던 김영삼은 "야당이 밤낮 20~30년 전처럼 해서야 되나, 나도 야당을 했지만 과거를 청산하기 위해 3당 통합에 나섰다"라고 발언해 국민들의 빈축을 사기도 했다.[20] 9월 10일 정기국회는 민주자유당 단독으로 소집되었다. 여당이 단독으로 정기국회를 소집한 것은 삼선개헌 이래 20년 만에 처음 있는 일이었다.

13대 국회에서 민주자유당이 변칙으로 통과시킨 법안은 방송관계 법만이 아니었다. 1990년 12월 18일에는 추곡수매동의안이 야당 의원들의 반발에도 불구하고 민주자유당 의원들의 주도로 일방적으로 처리되었고, 1991년 5월 10일에는 경찰법안과 국가보안법 개정안이 국회 경위들까지 동원된 상황에서 역시 날치기로 통과되었다. 또 그해 마지막 달인 12월에는 새해 예산안과 제주도개발특별법안, 바르게살기운동조직 육성법안 등이 여야 의원 간 몸싸움이 계속되는 속에서 마찬가지로 변칙 통과되었다.

1991년은 30년 만에 지방자치제가 부활한 해다. 3월 26일에는 기초의회 선거가, 6월 20일에는 광역의회 선거가 실시되었는데, 야당이 참패한 두 번의 지방의회 선거 투표율은 각각 55퍼센트, 58.9퍼센트로 매우 낮았다. 지방자치제도에 대한 국민들의 인식 부족이 낮은 투표율의 직접적 원인이었지만, 1987년 6월항쟁으로 최고점에 달했던 정치를 향한 국민들의 관심이 점차 냉소로 바뀐 것도 투표율 저하의

한 요인으로 작용했다. 국민들이 정치에 냉소적이 된 데는 13대 국회의 계속되는 '날치기'가 분명히 한몫했을 것이다.

9장

'문민독재'와 노동법·안기부법 날치기

1996년 겨울의 총파업

"흩어지면 죽는다, 흔들려도 우린 죽는다, 하나 되어 우린 맞선다, 승리의 그날까지…"

1996년 12월 29일, 찬바람이 휘몰아치는 여의도광장에 힘찬 노랫소리가 울려 퍼졌다. 전국에서 모인 2만여 명의 노동자들이 부르는 〈파업가〉였다. 그해 겨울에는 여의도광장만이 아니라 전국 곳곳의 공장과 사무실에서도 〈파업가〉가 울려 퍼졌다. 견원지간이던 민주노총과 한국노총이 손을 잡으면서 대한민국 역사상 최대 규모의 노동자 총파업이 전국을 뒤흔든 것이다. 1996년 12월 26일부터 1997년 1월 말까지 40여 일간 진행된 전국 총파업에는 무려 3206개의 노조에서 359만 7011명이 참여했다. 이들이 거리로 나온 것은 신한국당이 날치기로 통과시킨 노동법과 안기부법 때문이었다.

국민들은 총파업을 응원했다. 총파업 직후 실시된 설문조사 따르면 응답자의 54.5퍼센트가 총파업을 지지한다고 답했고, 국회법을 위반한 노동법 날치기를 무효 처리해야 한다고 답한 응답자는 무려 65퍼센트에 달했다.[21] 민주주의에 역행하는 날치기 처리에 대한 거부감이 총파업에 대한 지지로 이어진 것이다. 김영삼 정권은 총파업을 불법 정치파업으로 규정하고 강경하게 대처하겠다는 엄포를 놓았지만 그

여의도광장에서 노동법·안기부법 재개정 촉구집회를 열고 있는 한국노총과 민주노총.

열기는 수그러들지 않았다. 노동조합 간부들의 권유 없이 일반 조합원들이 자진해 파업 대열에 나설 정도로 이들의 분노는 대단했다.

1997년 1월 11일, 전국에서 동시다발로 열린 범국민 결의대회에는 10만 명 이상의 인파가 모였다. 그리고 이날 1997명의 각계 인사들은 총파업 지지 의사를 밝히면서 노동법·안기부법 개악을 비판하는 시국선언을 발표한다. 절정에 이른 총파업 물결은 김영삼 정권에 큰 부담을 안겼다. 열흘 뒤인 1월 21일, 김영삼 대통령은 결국 여야 영수회담을 통해 "노동관계법을 재논의하겠다"라고 밝힌다. 국회에서 통과되어 대통령이 공포까지 한 법안을 국회로 다시 돌려보내겠다는 것은 김영삼 정권의 항복 선언이나 다름없었다.

세계화의 첨병은 노동자가 아닌 기업

1996년 4월 24일, 김영삼 대통령은 "21세기 세계 일류국가로의 도약을 위한 신노사관계 구상"이라는 계획을 발표한다. 여기서 언급한 '신노사관계'의 핵심은 노동조합운동을 제도적으로 포섭하는 것과 노동유연화였다. 김영삼 정권은 노사정위원회를 설치해 1980년대 말부터 급격히 성장한 노동조합운동을 공식 협상 파트너로 인정하는 한편, 그 대가로 정리해고 요건을 완화하고 변형시간근로제를 도입해 노동권을 약화시키고자 했다. 이는 국내 재벌 기업들의 세계화 전략에 맞춰 수출 경쟁력을 높이기 위해 노동운동의 성장을 견제하고 자본의 입맛에 맞는 노동 통제체제를 구축하기 위해서였다.[22]

1996년 9월 6일, 전국경제인연합은 41개 주요 재벌 그룹 기획조정실장회의를 열어 '임금 총액 규모 동결' 방침에 합의하고 정부의 노동법 개정안이 더욱 강경해져야 한다고 요구했다. 이미 재벌 기업들은 사무직 노동자들에 대한 대량 감원을 예고하면서 본격적인 구조조정에 나설 계획이었다. 김영삼 정권은 그들의 요구를 받아들여 노동법 개정을 강행하는 한편 민주노총을 비롯한 노동운동 진영을 압박했다.

정권과 자본이 긴밀한 관계를 유지하면서 노동법 개정에 나선 것은 1990년대 이후 한국 사회의 질서가 새롭게 재편되는 과정이기도 했다. 전 세계적인 현상이기도 한데, 냉전 질서가 급격하게 해체되면서 이른바 '정치 논리'가 '경제 논리'로 전환되는 추세였던 것이다. 1992년 미국 대통령 선거에서 빌 클린턴이 "바보야, 문제는 경제야!"라는 슬로건을 내걸고 당선된 것은 그런 전환을 상징적으로 보여주는 사례였다. 냉전은 종식되었지만 새로운 경제 전쟁이 본격적으로 펼쳐졌고, 이 총성 없는 전쟁에서 기업은 첨병이었다.

한국이라고 예외일 수는 없었다. "마누라와 자식만 빼고 다 바꾸자"라는 삼성 이건희 회장의 '신경영 선언'이 유행어가 된 것은 기업적 혁신을 강조하던 당시 사회 분위기를 그대로 보여준다. 사회 전체를 병영화했던 군부 정권이 물러나자마자 새로운 패러다임이 등장해 사회를 지배하기 시작한 것이다. 김영삼 정권은 '개혁'과 '세계화'라는 슬로건으로 사회 전반에 경쟁과 효율의 논리를 전파했다. 세계화의 첨병인 기업을 뒷받침하기 위해서 노동자들의 권리는 조금 퇴보해도 괜찮다는 생각이 그 저변에 깔려 있었다. 20여 년 전 YH무역 여성 노동자들의 방패를 자임했던 김영삼을 생각하면 격세지감을 느끼지 않을 수 없다.

정부와 자본의 합작품인 노동법 개정안 상정이 목전에 닥쳐오자 민주노총과 한국노총은 '노동법 개악 저지'를 목표로 공조체제를 갖춘다. 1996년 12월 11일에는 한국노총 박인상 위원장이 무기한 단식에 돌입했고, 12월 16일에는 민주노총 권영길 위원장이 명동성당에서 삭발농성을 벌였다.

통제 없는 권력, 국가안전기획부

김영삼 정권과 집권당인 신한국당은 노동법만이 아니라 국가안전기획부법도 개정할 계획이었다. 안기부법 개정안은 한마디로 안기부의 권한을 예전처럼 확대한다는 내용이었다. 1993년 12월, 지난 대선 과정에서 안기부가 김대중 후보에 대한 비방 여론을 조성했다는 사실이 밝혀지자 안기부의 권한을 축소(국가보안법 제7조 및 10조 항목에 대한 수사권 박탈)하고, 국회 상임위에 정보위원회를 설치해 안기부를 견제할 수 있도록 하는 안기부법과 국회법이 개정된 바 있다. 국가보안법 제7조는 찬양·고무죄, 국가변란 선전·선동죄, 이적 단체 결성 및 가입, 이적 표현물 제작·소지·배포에 관한 항목이며, 10조는 국가보안법 위반에 대한 불고지를 처벌하는 내용이다. 이는 사상과 양심의 자유, 결사의 자유를 침해하는 국가보안법의 대표 독소조항으로, 안기부는 이 독소조항을 악용해 정치공작을 일삼았다. 1993년 12월 여야 합의로 통과된 안기부법 개정안은 안기부의 직권남용을 견제하고 수사권을 제한해 그 폐단을 막고자 노력한 결과였다. 그런데 신한국당은 고작 3년 만에 다시 안기부의 권한을 확대하고 국가보안법 제7조와 10조 항에 대한 수사권을 복권해야 한다고 나선 것이다.[23]

박정희 정권 시절의 중앙정보부, 전두환 정권 이후의 국가안전기획부, 그리고 지금의 국가정보원은 대통령 개인에게만 책임을 지는 비밀 정보기관이다. 한때 대통령의 사조직 성격을 띠기도 했던 이 기관은 독립된 기구로서 정치권력의 흐름을 민감하게 주시하기도 했지만, 자신들의 입맛에 맞는 정권을 만들어내기 위해 정치공작을 계획한 적도 부지기수다.

김영삼 정권이 안기부의 권한을 확대하는 법안을 추진한 것은 대통령 선거를 일 년 앞둔 시점에서 안기부를 적극 활용해 선거에서 승리하겠다는 의지 표명이나 다름없었다. 문민정부라는 김영삼 정권 역시 군부 정권과 마찬가지로 공작정치의 유혹에서 벗어나지 못한 것이다.

김영삼 정권이 안기부법 개정안을 강행한 데에는 다른 목적도 있었다. 당시는 대선을 앞두고 김대중과 김종필의 회합이 잦아지면서 이른바 'DJP연합'이 논의되던 시점이었다. 곧 안기부법을 매개로 새정치국민회의에 대한 이념 공세를 펼쳐 보수 세력인 자유민주연합과의 연합을 무산시키려는 속셈이었다.

12월 26일, '문민독재'의 등장

1996년 12월 26일 새벽 5시 50분. 크리스마스 분위기가 채 가시지 않은 여의도에 관광버스들이 하나둘 모여들었다. 밤새 시내 호텔 여러 곳에 흩어져 있던 신한국당 의원 154명은 버스에서 내려 서둘러 국회 본회의장에 들어섰다. 국민회의와 자민련 등 야당 의원들은 보이지 않았다. 야당은 날치기에 대비해 이날 오전 9시부터 국회에 모여 실력 저지에 나서기로 결의했지만 신한국당이 한발 더 빨랐다.

오전 6시, 사흘간 행적이 묘연했던 신한국당 소속 오세응 부의장이 의장석에 올랐다. 국회부의장 오세응은 일찍부터 '날치기 주역'으로 예상되었기에 이를 사전에 봉쇄하려는 야당 의원들의 눈을 피해 잠적 중이었다. 의장석에 오른 부의장은 노동관계법과 안기부법을 비롯한 11개 법안을 일괄 상정하고 무기명 기립 투표로 통과시켰다.

심지어 이날 신한국당이 상정하고 통과시킨 노동관계법은 국회에 제출되었던 기존 정부 안보다도 더욱 '개악'된 것이었다. 정부 안에서 거론되지 않았던 기업의 양도·합병·인수를 해고 요건으로 추가해 재계의 편을 들어줬을 뿐 아니라, 노동계의 뜻을 반영해 상급단체 복

1996년 12월 26일 새벽, 노동법 개정안 등을 단독으로 기습 처리하는 신한국당 의원들.

수노조 허용을 구체화했던 것을 3년 유예하는 것으로 바꿔버렸다. 완벽한 '노동 개악'이었다.

신한국당의 날치기 소식이 들려오자마자 정국은 요동쳤다. 국민회의 총재 김대중과 자민련 총재 김종필은 긴급하게 단독 회동을 가진 뒤 노동법 날치기를 "김영삼 대통령의 쿠데타이자 일당 독재의 폭거"로 규정했다. 하지만 두 야당은 규탄의 목소리만 높였을 뿐 정작 반대 투쟁에서는 한 발 물러서는 모습을 보였다. 대선을 앞두고 보수 표를 잃지 않기 위해 줄타기에 나선 것이다.

한편, 민주노총은 즉각 총파업에 돌입했다. 26일에는 15만 명의 민주노총 조합원이 파업에 돌입했고, 27일에는 여기에 6만 명의 조합원이 추가로 합류했으며, 한국노총 역시 15만 명의 조합원을 이끌고 가

세했다. 정부가 강하게 대응하겠다고 경고했음에도 파업 대오는 점점 늘어났다. 1997년 1월 10일, 명동성당에서 농성 중인 민주노총 지도부에 대한 구속영장이 청구되자 국제노동기구ILO는 연행에 반대한다는 성명을 발표하고 국제적인 파업 지지 여론을 조성했다. 1월 14일에는 천주교 정의구현사제단과 불교비상시국회의가 노동법 날치기를 '문민 독재'로 규정하는 시국선언을 발표한다. 그리고 1월 17일에는 김수환 추기경이 청와대에서 김영삼 대통령을 만나 경찰 투입에 반대한다는 의견을 피력하고 노동계와 대화에 나설 것을 촉구한다. 상황이 이렇게 되자 결국 김영삼 정권은 한발 물러설 수밖에 없었다.

IMF 구제금융 사태

양대 노총의 총파업은 국민들의 지지 여론을 등에 업고 결국 날치기 법안을 되돌려놓는 성과를 이뤄낸다. 노동자들의 조직된 힘으로 정권을 흔들었다는 점에서 1996~1997년의 총파업은 큰 의미를 갖는다. 그러나 1월 21일 여야 영수회담 이후 정치적 해결 가능성이 열리자 총파업의 영향력은 점차 약화되었다. 민주노총은 개정 노동법의 완전한 무효화 없이 총파업을 중단하지 않겠다고 선언했지만, 3월 10일 여야는 정리해고제를 2년 유예하고 상급단체 복수노조를 즉시 허용하는 수준의 짜깁기 타협안에 합의해버린다. 이로써 총파업은 반쪽짜리 성과를 내는 데 그친다.

그나마 노동관계법은 총파업을 통해 반쪽짜리나마 재개정을 이뤄냈지만, 안기부법 재개정 논의는 흐지부지 묻히고 말았다. 축소되었던 권한을 다시 회복한 안기부는 이후 이름을 국가정보원으로 바꾸지만 여전히 막강한 권한을 행사하며 정치에 개입한다. 2002년에는 불법 도청 사건으로 물의를 빚었고, 2012년에는 대통령 선거에 개입해 여론 조작에 나선 것이 밝혀졌다. 정보기관이라는 미명 아래 통제받지 않는 권력을 손에 쥔 국가정보원이 공작정치를 통해 민주주의를 위협하고 훼손할 위험은 여전히 도사리고 있다.

1996년 12월의 날치기 파문은 곧이어 터진 '한보 사태'와 더불어 김영삼 정권의 몰락으로 이어졌다. 한보철강의 부도와 함께 밝혀진 권력형 비리 사건인 '한보 사태'에 김영삼 대통령의 차남 김현철이 연루되면서 김영삼 정권의 지지율은 바닥까지 떨어진다. 한보철강의 부도를 시작으로 채 일 년이 지나지 않는 기간 동안 삼미, 진로, 기아, 쌍방울, 해태, 뉴코아 등 내로라하는 재벌 기업들이 연쇄적으로 부도를 낸다. 재벌 그룹들의 문어발식 사업 확장, 부실 운영과 특혜성 금융 대출이 낳은 예견된 비극이었다. 그리고 대기업들의 연쇄 부도는 증권시장과 금융시장의 붕괴로 이어진다.

엎친 데 덮친 격으로 같은 시기 몰아닥친 동남아시아 국가들의 외환위기 사태에 영향을 받은 한국은 외화 지급 불능 사태까지 맞이한다. 국가신용도는 떨어졌고 원화가치는 급락했다. 원화가치의 하락은 원가 상승으로 이어져 물가는 빠르게 상승했다. 대기업의 연쇄 부도로 구조조정이라는 칼바람이 몰아쳤고, 실직자가 넘쳐나는 가운데 국민경제는 파탄에 이르렀다. 결국 1997년 11월 21일, 정부는 국제통화기금IMF에 200억 달러 상당의 구제금융을 요청한다. "한국전쟁 이후 최대의 국난"이라는 'IMF 시대'의 시작이었다.

1997년 겨울의 대통령 선거

크리스마스 날치기와 한보 사태, 재벌 그룹의 연쇄 부도로 사회는 무척 혼란스러웠다. 서민들은 고통 속에서 신음했다. 그럼에도 제15대 대통령 선거를 둘러싼 정치권의 경쟁은 치열했다. 1997년 5월 19일, 김대중은 새정치국민회의 대통령 후보로 선출되면서 네 번째 대권 도전에 나선다. 6월 24일, 자민련은 김종필 총재를 대통령 후보로 지명한다. 야당의 대통령 후보가 일찍 결정된 데 비해 집권 여당인 신한국당의 사정은 매우 복잡했다. 대권 주자 경쟁에 이회창, 이인제, 이한동, 최병렬, 김덕룡, 박찬종, 이수성, 최형우, 이홍구 등 아홉 명이 나서면서 이른바 '9룡 전쟁'이 펼쳐졌기 때문이다. 연이은 사건들로 대통령 김영삼의 당내 장악력이 약화된 상황에서 대법관과 국무총리를 지낸 이회창이 민정계의 지지를 이끌어내며 유력 주자로 발돋움한다.

그리고 1997년 7월 21일, 신한국당 전당대회에서 60퍼센트의 지지를 얻은 이회창이 대통령 후보로 선출된다. 그러나 곧이어 자녀의 병역 면제 스캔들에 휘말리면서 이회창의 지지율은 급락하고, 경선에서 2위를 차지한 전 경기도지사 이인제에게 보수층의 지지가 몰린다. 여기에 힘을 얻은 이인제는 신한국당을 탈당해 국민신당을 창당하며 대선 출마를 선언한다. 이회창은 이인제의 탈당으로 인한 손실을 메우기 위해 조순의 통합민주당을 흡수한 뒤 당명을 한나라당으로 바꾸고 새로운 이미지로 대선에 나선다.

한편, 김대중과 김종필은 일 년이 넘는 논의 끝에 이른바 'DJP연합'을 성사시킨다. 대통령 후보는 김대중, 국무총리는 김종필이 맡는 공동 정권을 구성하고, 이후 내각제 개헌으로 연립 정부를 만든다는 내용이었다. 김대중은 DJP연합으로 충청권 표를 끌어 모으는 동시에 보수 인사들을 영입해 오랫동안 발목을 잡아왔던 색깔론을 벗어던진다.

1997년 대선은 한나라당 이회창, 새정치국민회의 김대중, 국민신당 이인제라는 3강 구도 속에 펼쳐졌다. 여기에 노동법 날치기에 반대하며 총파업을 성공시켰지만 여야 타협으로 노동법을 무효화하는 데 실패한 민주노총이 '노동자 정치세력화'를 슬로건으로 내걸고 전위원장 권영길을 대통령 후보로 내세운다. 국민승리21이라는 가설 정당 후보로 대통령 선거에 임한 권영길은 1.2퍼센트 득표에 그치지만, 이후 국민승리21이 민주노동당으로 이어지면서 조봉암의 진보당 이후 그 명맥이 끊겼던 진보 정당을 재건하는 성과를 남긴다.

50년 만의 평화적 정권 교체

1997년 12월 18일, 제15대 대통령 선거가 실시되었고 40.3퍼센트를 득표한 김대중은 1971년 대선 이후 네 번의 도전 끝에 대통령에 당선되었다. 야당 후보인 김대중이 당선되면서 대한민국 최초로 선거에 의한 평화적 정권 교체가 이뤄졌다. 1948년 정부수립 이후 50년 만의 일이었다.

2위는 집권 여당인 한나라당 이회창이었다. 이회창은 38.7퍼센트를 득표해 간발의 차이로 패배했다. 국민신당 이인제가 19.2퍼센트를 득표해 이회창의 보수 표를 상당 부분 흡수한 것이 패배의 원인이었다. 김영삼 정권의 실정으로 민심이 돌아선 데다가 이인제의 독자 출마라는 악재까지 겹쳤는데도 꽤 선전한 이회창은 선거에서 패배했음에도 차기 대권 주자의 위치를 굳건히 지키며 이후 한나라당 당권을 계속 장악한다.

오랜 야당 생활을 뒤로 하고 대통령에 당선된 김대중은 당선 직후부터 IMF 구제금융 사태라는 어려운 과제와 맞닥뜨린다. 그뿐 아니라 역대 처음으로 시도되는 자민련과의 공동 정권도 쉽게 해결하기 어려운 문제들을 예고했다.

10장

DJP연합과 정부조직법·국회법 날치기

구조적 한계를 드러낸 DJP연합

1998년 2월 25일, 김대중은 천신만고 끝에 15대 대통령에 취임한다. 이른바 '국민의 정부'가 출범되는 순간이었다. 국민들은 1987년 6월 항쟁으로 대통령 직선제와 민주 헌법을 쟁취한 데 이어 지난 제14대 대선에서는 김영삼을 당선시켜 오랜 군부 독재를 끝냈다. 그리고 마침내 선거를 통한 평화적 정권 교체까지 이뤄냈다. 한국의 민주주의는 한 발짝씩 앞으로 나아가는 중이었다. 그렇지만 김대중 정권의 발걸음은 결코 경쾌하지 못했다. 새 정권이 구조적 한계를 지닌 채 시작해야만 했기 때문이다. 정권을 쟁취하기 위해 김대중이 정치공학적으로 선택한 'DJP연합'이 바로 그 한계였다.

제15대 대통령 선거는 접전이었다. 이인제의 독자 출마로 3자 구도가 형성되면서 보수 표를 상당 부분 잠식했음에도 김대중은 1.6퍼센트포인트라는 근소한 차로 신승했다. DJP연합이 아니었다면 김대중의 당선은 불가능했을 것이다. 당선 이후에도 김대중의 길은 순탄해 보이지 않았다. 15대 국회에서 한나라당은 여전히 의석 과반을 차지한 다수당이었기 때문이다. 여당인 국민회의와 자민련의 의석을 합쳐도 한나라당에 미치지 못했다. 김대중은 원활한 국정 운영을 위해 김종필과 자민련을 배려하지 않을 수 없었다. 취임과 동시에 김종필을

1997년 대통령 후보 단일화 합의문에 서명하는 김대중과 김종필.

국무총리로 지명한 것 역시 그런 배려의 일환이었다. 그러나 민주개혁 세력임을 자처한 국민회의와 그 뿌리부터 극우 보수인 자민련의 공조는 쉽지 않았다. 김대중 정권과 자민련은 공동 여당을 운영하면서 내각제 개헌 문제를 비롯해 대북정책, 이념 차이 등으로 끊임없이 갈등을 빚는다. 게다가 권력 분점을 위한 포석들은 야당인 한나라당의 반대로 지연되거나 좌초한다. 정권을 빼앗긴 한나라당은 김대중 정권에 쉽게 협력하지 않았다. 한나라당은 '3당 합당'으로 탄생한 민주자유당의 후신이다. 다시 말해 서로 다른 가치와 이력을 지닌 민주계, 민정계, 공화계 인사들이 '집권'이라는 이해관계 속에 뭉친 정당이다. 따라서 대선 패배는 한나라당을 묶어주던 이해관계가 소멸되었다는 것을 의미했다. 이에 한나라당은 당의 분열을 막고 내부를 결집시키기 위해서라도 김대중 정권과 각을 세워야만 했다. 그 결과 김대중 정권의 여러 시도는 한나라당이라는 견고한 벽을 넘지 못하고 실패하거나 정치적 무리수를 두는 쪽으로 흘러간다.

김대중 정권의 야심찬 개혁과 실패

김대중 정권은 출범 초부터 금융·노동·기업·공공 부문에 대한 이른바 '4대 개혁 과제'를 제시했다. 경제위기 국면을 타개하고, 고도성장기에 형성된 사회 시스템들을 스마트 시대에 걸맞게 바꾸겠다는 게 목표였다. 김대중 정권이 제시한 '4대 개혁 과제'는 다음과 같았다.

금융개혁은 금융 감독을 선진화해 부실한 관치 금융을 타파하고, 은행 구조조정을 통해 금융 구조를 건전화하며, 공적자금을 조성해 위기관리에 나서겠다는 것이 골자였다. 노동개혁은 생산적인 노사 협력 관계를 구축하고, 노동시장을 유연화하는 한편, 고용 안정을 위한 사회보험 시스템을 갖추겠다는 내용이었다. 기업개혁은 부실기업을 정리하고, 상시적 기업 구조조정 시스템을 완비하며, 기업 지배구조 개선이 목표였다. 공공개혁은 공공 부문이 비대하고 효율성이 떨어진다는 진단 아래 공기업을 대거 민영화하고, 불필요한 규제를 개혁하며, 정부조직 개편과 더불어 민간 참여를 확대해 전문성과 효율성을 갖춘 공공 재편을 이루려는 시도였다. 4대 개혁은 김대중 정권의 역점 과제였으며 구제금융의 조건으로 IMF가 내건 요구사항이기도 했다.

그러나 결과적으로 4대 개혁은 목적을 달성하지 못한 반쪽짜리 개혁에 그치고 만다. 먼저 금융 부문은 경제위기를 불러온 주요인인 만큼 가장 신속하고 강력하게 개혁이 추진되었다. 은행 간 합병과 해외

매각 방식으로 일부 은행은 퇴출되었으며, 금융감독원이 설치되어 금융권에 대한 감시·감독이 본격화되었다. 그러나 은행 퇴출 과정에서 국내 금융 자본이 해외 자본에 헐값으로 매각되어 국부가 유출되는 등 부정적 현상들을 만들어내기도 했다.

노동개혁과 기업개혁의 경우에는 그 문제가 더 심각했다. 김대중 정권은 노사정위원회를 설치해 노동조합과 기업 간 대화를 이끌어내고 생산적인 노사관계를 만들어나가겠다고 선언했다. 그러나 노사정위원회를 통한 이른바 '대타협'의 결과는 일방적인 정리해고제·파견제의 관철로 이어졌다. 김대중 정권은 더 많은 힘을 가진 재벌 기업이 아닌 노동조합에 힘을 실어 균형을 맞춰야 했음에도 '노사정 대타협'이라는 성과에 매몰되어 그 의무를 외면해버렸다. 경제위기 국면에서 강경 투쟁에 나설 수밖에 없었던 노동조합 측은 울며 겨자 먹기로 정리해고제와 근로자파견제 도입을 받아들여야 했다. 결국 정규직 노동자의 지위는 점차 위협받았고, 한국 사회는 파견 형태의 비정규직 저임금 노동이 고용의 다수를 차지하는 이른바 '불안정 노동 사회'로 서서히 접어든다.

기업개혁의 본질은 재벌의 기업 지배구조를 개선하는 데 있었다. 재벌 기업들의 문어발식 지배구조가 경제위기 국면에서 연쇄 도산이라는 참사를 낳았기 때문이다. 그러나 공동 여당인 자민련의 반대와 야당인 한나라당의 친재벌적 행보는 김대중 정권의 기업개혁을 제약했다. 일부 부실기업을 퇴출하긴 했지만 그 빈 공간을 오히려 삼성 같은 소수 재벌들이 메워버렸다. 결과적으로 김대중 정권의 기업개혁은 다수 재벌 기업이 경합하던 상황을 소수 기업이 독주할 수 있도록 재편한 것에 불과했다.

공공 부문에 대한 개혁 역시 득보다는 실이 많았다. 공공개혁의 일환으로 추진된 공기업 민영화라는 칼바람 속에서 담배인삼공사, 포항제철, 한국통신KT 등이 민영화되었는데, 공기업 민영화의 이득은 국내외 일부 자본 소유주들에게만 돌아갔으며, 공공성 훼손으로 발생한 피해는 고스란히 국민의 몫이 되었다. 공공개혁의 중점 과제였던 정부조직 개편 역시 많은 논란을 낳으면서 순탄한 길을 걷지 못했고, 결국에는 날치기라는 수단까지 동원된다.

날치기로 마무리되는 정부조직법 개정안

김대중 정부가 출범 직후 단행한 1차 정부조직 개편은 직제개편을 통한 조직과 인력 축소가 핵심이었다. 정부조직은 새 정부가 출범하면 으레 개편되는 것이 관행이었기에 경제위기에 대처하기 위한 비용 절감이라는 측면을 내세운 김대중 정부의 개편안 역시 별다른 반대 없이 추진되었다. 문제는 1999년 5월 단행된 2차 정부조직법 개정안이었다.

2차 정부조직법 개정안은 정부 수립 이후 최초로 민간 컨설팅사를 동원한 경영진단 과정을 거쳐 마련되었다. 46억 원이라는 용역비를 들여 전문가 130여 명이 4개월간 연구한 끝에 수립된 개정안은 주요 정부부처의 통폐합, 행정기관의 단계적 민영화, 중앙인사위원회 설치, 개방형 임용제 도입 들이 핵심 내용이었다. 이 개정안은 공공 조직의 효율화라는 목적 아래 제안되었지만, 행정 영역에 무리하게 경영 원리를 도입했다는 비판에 직면한다. 그러나 더 큰 문제는 광범위한 개혁안이 정치적 이해관계에 따른 각종 논란 끝에 표류하다가 제대로 실현되지 못했다는 것이다. 정부조직법 개정안이 좌초될 수밖에 없었던 배경에는 DJP연합이라는 정치공학이 자리 잡고 있었다.

내각제 개헌을 지속적으로 주장해온 김종필과 자민련은 김대중 정권이 내놓은 2차 정부조직법 개정안이 대통령중심제 원리를 강화한다며 의심의 눈초리를 보냈다. 내각제 개헌에 대한 구체적 논의가 진행되지 않은 상황에서 대대적으로 정부조직을 개편하는 것은 내각제 약속을 이행하지 않겠다는 속셈이 아니냐는 지적이었다. 특히 대통령 직속 중앙인사위원회를 신설하겠다는 구상은 인사권을 대통령이 독점하겠다는 발상이며, 내각제 개헌을 공언한 상황에서 개방형 임용제를 도입하면 공무원들의 협조를 받아가며 안정적으로 국정을 운영하는 것이 불가능해진다는 비판도 뒤따랐다. 한편으로 자민련은 공동 여당인 만큼 국민회의에 버금가는 지분을 차지해야 한다는 입장이었는데, 부처 간 통폐합이 이뤄지면 '자리 나눠먹기'가 어려워질 것이라 내다봤다.

자민련이 정부안에 반대하고 나서자 한나라당도 비판의 목소리를 높이며 자민련을 포섭하려 했다. 한나라당 이회창 총재는 내각제를 옹호하는 등 자민련 설득 작업에 나섰다. 한나라당이 강경하게 정부조직법 개정안에 반대하고 나선 것은 자기 세력이 오랜 기간 확보해 놓은 공직사회에 대한 영향력을 잃지 않기 위해서였다. 중앙인사위원회를 신설하고 개방형 임용제가 실시되면, 김대중 정권이 인사권을 장악하고 입맛에 맞는 민간 인사들을 끌어들여 공직사회를 독점할 것이라 우려했던 것이다.

정부조직법 개정안에 대한 논란이 증폭되자 김대중 정권은 자민련 달래기에 나섰다. 결국 부처 간 통폐합 안은 자민련의 입장을 세워주기 위해 대부분 철회되었다. 국무총리실 직속으로 국정홍보처를 신설한 것은 총리직을 쥐고 있는 자민련의 강력한 요구 때문이었다. 결국 "(경영진단 비용) 46억만 날렸다"[24]라는 이야기가 나올 정도로 정부가 제시한 원안에서 상당 부분 후퇴한 개정안이 확정되었다. 공동 여당인 국민회의와 자민련이 합의에 이르자 한나라당은 중앙인사위원회 설치와 개방형 임용제에 반대한다면서 실력 저지를 선언한다.

이미 여야 간의 대립은 쉽게 조율될 수 없을 정도로 악화된 상태였다. 4월 7일, 여당은 불법 대선자금 모금 사건에 연루된 한나라당 서상목 의원에 대한 체포동의안 처리를 강행했다. 그러자 한나라당은 이를 정치 탄압으로 규정하고 1999년 3월 말 실시된 재보궐 선거의 부정 의혹을 강하게 제기하며 맞섰다. 이런 대치 상황에서 여당 의원 일부의 반란표로 체포동의안 처리가 부결되고 정국 주도권은 한나라당으로 넘어가버린다. 곧이어 한나라당은 자민련 박태준 총재가 자신의 사위인 고승덕의 한나라당 재보궐 선거 출마를 강압적으로 막았다고 폭로한다. 이른바 '고승덕 파동'이라 불리는 사건이다. 이처럼 '2여-1야'라는 삼각관계 속에 여러 논란이 가중되면서 정국은 극도로 경색된다.

결국 회기 마지막 날인 5월 3일, 국민회의와 자민련은 본회의에서 정부조직법 개정안과 노사정위원회 법안을 비롯한 4개 법안 그리고 추곡수매동의안 들을 날치기로 통과시킨다. 한나라당 의원들의 반대 속에서 김봉호 국회부의장이 본회의장 의석에서 핀마이크로 전격 개의를 선언하고, 9분 만에 기립 표결로 모든 안건을 통과시킨 것이다. 김대중 정권과 공동 여당은 이번 날치기를 두고 한나라당이 의도적으로 협상을 거부했기에 어쩔 수 없는 선택이었다고 변명했지만, 정부조직법 개정안이 날치기로 마무리된 데는 정부조직 개편에 대한 공동여당의 단일안을 조기에 확정해 여론을 납득시키지 못한 김대중 정권의 책임도 있었다. 정략적 판단으로 구성된 DJP연합은 끊임없이 새로운 문제를 만들어냈다.

아슬아슬한 DJP연합

정부조직법 개정안이 날치기로 처리된 이후 이른바 '옷 로비 사건'이 터지면서 김대중 정권은 도덕성에 큰 타격을 입는다. 특히 옷 로비 사건에 연루된 김태정 법무부장관이 임명 보름 만에 물러나자 김대중 정권에 대한 부정적 여론은 더욱 확산되었다. 국민회의는 여론을 환기시키기 위해 재야 시민사회 인사들을 대거 영입한 뒤 2000년 1월 당명을 새천년민주당으로 바꾼다. 그뿐 아니라 총선을 사흘 앞둔 4월 10일에는 역사적인 남북정상회담이 평양에서 개최된다는 사실을 남북이 동시에 발표하면서 김대중 정권의 상징적 대북정책인 '햇볕정책'이 본격적으로 추진된다.

그러나 남북정상회담은 그때까지 아슬아슬하게 유지되었던 DJP연합을 무너뜨리는 구실이 된다. 극우 보수 세력인 자민련은 북한과의 관계 개선을 받아들이지 못했다. 그뿐 아니라 내각제 개헌 논의가 무산되자 자민련은 김대중 정권을 강하게 비판하고 나섰다. 공조체제가 무너지면서 총선에서 민주당과 자민련이 연합 공천을 한다는 계획도 실패로 돌아갔다. 오히려 민주당은 충청도 출신 이인제와 국민신당을 새로운 연정 파트너로 내세우며 충청권 공략에 나섰다.

4월 13일 실시된 제16대 국회의원 선거 결과는 그러나 민주당의 기대에 미치지 못했다. 민주당은 115석을 얻어 133석을 확보한 한나라당에 원내 1당 자리를 내주어야 했다. 민주당에게 총선 결과가 실망스러운 것이었다면 자민련에게는 절망적인 것이었다. 민주당의 충청권 공략으로 자민련은 의석수가 대폭 감소해 17석을 얻는 데 그쳤기 때문이다. 문제는 국회법상 17석으로는 교섭단체 구성이 불가능하다는 데 있었다. 원내 과반을 차지하지 못한 민주당은 다시 자민련에 손을 내밀어야 했고, 교섭단체 구성에 실패한 자민련은 그 손을 잡을 수밖에 없었다. 이렇게 해서 파기되는 듯했던 DJP연합은 복원된다.

국회법 날치기 파동과 '의원 꿔주기'

1차 DJP연합은 김대중의 대통령 당선과 이후 내각제 개헌이라는 공동의 목표 아래 추진되었다. 긍정적으로 평가하자면 정권교체라는 정치적 명분을 위한 연합이었다고 할 수 있다. 그러나 2차 DJP연합은 소수 여당이 처한 현실을 받아들이지 못하고 선택한 인위적 개편이었으며, 그것을 추진하는 과정에서도 정치적 명분을 찾기 어려운 추태들이 계속되었다. 가장 먼저 논란이 된 것은 총선 이후 국무총리로 이한동 자민련 총재를 임명한 것이었다. 이한동은 공안 검사 출신으로 민

2000년 7월 3일, 이만섭 국회의장을 찾아가 국회법 개정안 직권상정을 요구하는 자민련 의원들.

정당 사무총장까지 지냈으며 대북 포용정책에 비판적인 대표적 수구 인사였다. 이런 전력을 가진 인물을 국무총리로 임명한 것은 민주당 지지층조차 받아들이기 어려운 충격적인 사건이었다. 개혁을 위해 자민련과 공조를 택한 민주당이었지만 오히려 그 공조가 계속해서 개혁의 발목을 잡는 꼴이 되어버렸다. 원내 교섭단체 구성 요건을 완화하기 위한 국회법 개정안 파동도 민주당의 발목을 잡은 대표 사건이다.

제16대 총선에서 17석을 얻은 자민련은 '원내 소수 정당의 활동 보장'이라는 명분을 내걸고 교섭단체 구성 요건을 20석에서 10석으로 완화하자고 주장한다. 소수 정당의 활동을 보장해달라는 자민련의 주장은 누가 봐도 핑계에 불과했다. 교섭단체 구성에 실패한 자민련의 이기주의적 요구였기 때문이다. 문제는 DJP연합을 유지하기 위해 집권 여당인 민주당이 자민련의 요구에 응할 수밖에 없었다는 점이다.

여야가 자당에 유리한 원내 구성을 위해 동분서주하느라 국회가 정상적으로 운영되지 않는 상황에서 민주당은 이렇다 할 명분도 없이 국회법 개정에 뛰어들게 된다. 그리고 2000년 7월 24일, 민주당과 자민련은 한나라당 의원들과 몸싸움을 벌인 끝에 국회 운영위원회에서 국회법 개정안을 날치기 처리한다. 한나라당 의원들이 운영위 회의실을 점거한 상황에서 갑자기 회의실로 몰려든 여당 의원들이 상정안을 통과시킨 것이다. 한나라당은 국회법 개정안 상정을 원천 무효라 주장했고, 여론은 16대 국회에서 또다시 날치기가 발생한 데 대해 무척 실망스러워했다. 4월에 총선이 끝났는데도 3개월이 넘도록 국회가 공전 상태였기에 여야가 당리당략에 매몰되어 민생을 외면한다는 비판까지 뒤를 이었다. 결국 민주당과 자민련은 운영위에서 날치기로 법안을 처리했음에도 한나라당의 실력 저지와 쏟아지는 비판을 이기지 못하고 국회법 개정안을 본회의에 상정하는 데 실패한다. 무리수를 두었다가 아무것도 챙기지 못한 민주당은 또다시 큰 타격을 입는다.

이후 정국은 한나라당의 의도대로 돌아가기 시작했다. 8월이 되자 박지원 문화관광부장관이 한빛은행 부정 대출에 외압을 행사했다는 의혹이 불거졌다. 한나라당은 공세 끝에 박지원 장관을 사퇴시킨다. 12월 10일, 민주당과 자민련은 다시 한 번 국회법 개정안을 발의해 자민련의 교섭단체 복귀를 꾀하지만 이것 역시 실패로 끝난다. 남북정상회담의 성공으로 김대중 대통령이 노벨 평화상을 수상한 기쁨도 잠시였을 뿐 정권 지지도는 좀처럼 회복할 기미를 보이지 않았다. 한나라당에게 주도권을 빼앗길수록 민주당은 더욱 DJP연합을 포기하기 어려웠다.

2001년 1월, 민주당은 특단의 조치를 내린다. 자민련의 교섭단체 구성을 위해 자당 의원 세 명을 자민련에 입당시킨 것이다. 코미디 같은 '의원 꿔주기'였다. 자민련의 한 의원이 이 행태에 반발해 탈당하자 민주당은 다시 의원 한 명을 자민련에 입당시킨다. 두 차례의 '의원 꿔주기'를 두고 여론은 국민을 우롱했다며 강하게 비판한다.

파국을 맞은 DJP연합

김대중 정권은 DJP연합을 유지하기 위해 많은 희생을 감내했다. 단순히 국무총리직과 장관직을 내준 것을 넘어 국회법 날치기와 '의원 꿔주기'로 의회정치의 근간을 훼손했다는 비난까지 받아야 했다. 민주개혁 정부를 자임했던 김대중 정권과 그 지지 세력에게는 크나큰 상흔이 아닐 수 없었다.

결국 2001년 8월 임동원 통일부장관 해임 건의안에 자민련이 찬성하면서 DJP연합은 파국을 맞는다. 임동원 장관은 김대중 정권이 오랜 기간 구상한 대북 평화정책의 핵심 인물이었다. 임동원 장관 해임에 자민련이 동조한 것은 대북 햇볕정책에 대한 자민련의 노골적 반대 선언이나 다름없었다. 이로써 1997년부터 4년 동안 불안하게 이어져왔던 DJP연합은 파기된다.

김대중 정권은 외환위기 조기 극복과 대북 화해 국면 조성, IT·문화 산업 육성이라는 업적을 남겼음에도 집권 후반기 정치적 위기로 또다시 고전한다. DJP연합을 파기한 뒤 각종 권력형 비리와 관련한 파문이 나돈 것이다. 특히 김대중의 세 아들이 각각 비리에 연루되면서 정부 지지율은 급락했다. 2001년 10월 실시된 재보궐 선거에서 민주당은 자신들의 지역구였던 세 의석을 모두 한나라당에 내주며 참패한다. 일찍부터 대선 후보로 확정된 한나라당 이회창 후보는 정국을 주도하며 성가를 올린다. 민주당의 정권 재창출은 불가능해 보였다.

비주류 노무현의 등장과 제16대 대통령 선거

2002년 2월, 민주당은 대통령 후보 경선 방식으로 국민경선제를 도입한다. 계파 정치가 주도했던 과거 관행을 벗어던지고 국민의 참여를 통한 상향식 정치를 실현하겠다는 취지였다. '미국식 예비 경선'을 통해 국민들의 관심을 유도하면서 새로운 바람을 일으키겠다는 전략이기도 했다. 많은 이들이 국민경선제를 회의적으로 바라봤지만, 김대중 정권 5년을 거치면서 개혁 이미지가 퇴색된 민주당의 새로운 도전은 명분과 실리를 모두 잡은 선택이었다.

2002년 3월 9일, 제주도에서 시작해 4월 26일 서울 경선으로 마무리된 민주당의 국민경선은 이변의 연속이었다. 첫 경선지인 제주도에서 한화갑이 1위가 유력했던 이인제를 꺾었고, 두 번째 경선지인 울산에서는 '영남 후보론'을 내세운 노무현이 1위를 차지했다. 이른바 '노풍'이 불기 시작한 것은 3월 16일, 경선의 최고 요충지였던 광주에서 노무현이 1위에 올라서면서부터였다. 민주당의 비주류인 영남 태생인데다가 고졸 출신 인권 변호사였고 5공 청문회 스타이기도 했던 노무현은 지역주의를 깨기 위해 부산 출마를 고집하는 등 주류 정치와 다른 길을 가려 했다. 이런 이력이 알려지면서 노무현은 젊은 유권자들을 사로잡는다.

'노풍'은 초고속 인터넷 보급에 힘입어 점차 새로운 여론 분출구로 각광받던 인터넷 커뮤니티를 점령했다. 민주당이 지방선거에서 참패하면서 '후보 교체론'이 언급되기도 했고, 한일월드컵의 성공으로 정몽준이 유력 후보로 부상하면서 한때 위기를 맞기도 했지만, 노무현에 대한 젊은 층의 지지는 탄탄했다. 대선을 한 달 앞둔 11월 24일, 노무현은 정몽준과 벌인 후보 단일화에서 승리한다. 물론 그 뒤 이인제의 탈당과 정몽준의 단일화 파기 같은 악재가 연달아 일어나지만, 오히려 이런 악재가 노무현의 '비주류' 이미지를 강화해 지지층을 결집시키는 효과를 낳았다.

그리고 2002년 12월 19일, 노무현은 제16대 대통령 선거에서 48.9퍼센트를 득표해 한나라당 이회창 후보를 2.3퍼센트포인트 차이로 따돌리며 당선된다. 경선 과정에서부터 민주당 주류 세력과 갈등을 빚었음에도 노무현이 밀리지 않았던 것은 인터넷 커뮤니티에서 형성된 확고한 지지층이 있었기 때문이다. 이 세력은 노무현 당선에 가장 큰 역할을 한다.

민주당은 노무현 바람을 타고 정권 재창출에 성공했지만 당내 비주류 출신 대통령인 노무현의 행보에 불만과 우려 섞인 시선을 보냈다. 노무현과 민주당의 갈등은 쉽사리 해소되지 않았고, 결국 2003년 11월 11일, 소장파 의원들이 민주당을 집단 탈당해 열린우리당을 창당하면서 대통령 탄핵 사태라는 불씨를 제공한다.

11장

'비주류' 대통령 노무현과 탄핵소추안 날치기

화제를 몰고 다닌 정치인 노무현

노무현은 항상 화제를 몰고 다닌 이른바 '문제' 정치인이었다. 흔히 말하는 'PK출신'인데다가 5공 청문회에서 국민들의 눈도장까지 받아내며 탄탄한 길을 보장받은 것이나 다름없었지만, 3당 합당 사건 이후 안정된 길을 포기하고 지역주의 타파를 위해 쉽지 않은 길을 선택한다. 새천년민주당 대통령 후보 경선 당시에도 1987년 대선 이래 강고하게 자리 잡은 지역주의를 극복해야 한다는 신념에는 변함이 없었다. 노무현은 '영남에 맞선 호남과 충청의 연합'이라는 공식을 부정하면서 민주당이 호남을 탈피해야 한다고 주장했다. 그러나 일부 민주당 인사들에게 노무현의 주장은 민주당의 호남 정체성을 부정하는 것으로 비춰졌다. 그래서인지 대통령으로 당선된 노무현은 집권 초기부터 당내 주요 인사들과 끊임없이 갈등을 빚는다.

일부 언론은 노무현이 고졸 출신이라는 점을 들어 은근히 깎아내리기도 했다. 김대중 역시 고졸 출신이었지만 일제강점기 고등학교 졸업장은 엘리트임을 증명해주는 것이나 다름없었기에 노무현과는 달랐다. 집안 사정으로 늦은 나이에 고등학교를 졸업한 노무현은 현역병으로 3년간 복무한 뒤 독학으로 사법고시에 합격한다. 사법고시 합격으로 이른바 '개천에서 난 용'이 되었는데도 고졸이라는 학력은 엘리트들이 주를 이루던 사회에서 그를 계속 따라다니는 꼬리표였다. 보수 언론은 노무현이 대통령에 당선된 뒤에도 그의 학력을 거론하며 비난과 막말을 일삼았다.

노무현의 부림사건 변호를 배경으로 한 영화 〈변호인〉을 통해 잘 알려졌듯, 변호사 노무현은 우연찮은 기회에 군부 정권 아래서 인권 변호사의 길을 걷는다. 노동문제에 많은 관심을 보였던 그는 한진중공업 해고 노동자 김진숙의 변호를 맡았던 것으로도 잘 알려져 있다. 정치에 입문한 뒤에도 도전적이고 개혁적인 신념에는 변함이 없었다. 그가 지닌 진보와 개혁 이미지는 그를 대통령으로 당선시킨 원동력이기도 했다. 그러나 노동자 편에 선 변호사이자 개혁적 정치인이었던 노무현은 대통령 취임 이후 신자유주의 경제정책을 추진하고, 공권력을 동원한 노동 탄압을 승인하는 등 이전과 다른 행보를 보여 진보 세력으로부터 거센 비판을 받는다. "왼쪽 깜빡이를 켜고 우회전했다"는 표현은 대통령 노무현에 대한 상징적 비판으로 회자되곤 했다.

노무현은 대통령에 당선된 뒤 여당인 민주당만이 아니라 한나라당과 보수 언론 그리고 민주노동당을 비롯한 진보좌파 세력과도 잦은 갈등을 빚는다. 노무현 정권 5년은 정치적 갈등이 극과 극으로 치달았던 시기이기도 하다. 가장 큰 사건이었던 '대통령 탄핵소추'도 그중 하나다.

탄핵이라는 도화선에 불을 붙인 열린우리당 창당

노무현 정권은 집권 초기 강도 높은 개혁에 나선다. 지역 균형발전론에 입각해 행정수도 이전을 추진했고, 부동산 투기를 막기 위해 종합부동산세법을 제정했다. 그러나 행정수도 이전과 종합부동산세법은 한나라당과 보수 세력의 완강한 반대에 부딪힌다. 한편으로는 한·미 관계 증진을 위해 이라크전쟁에 국군을 파병하기로 결정했고, 전북 부안군 방사능 폐기장 건립문제를 놓고 주민들과 마찰을 빚다가 공권력을 투입해 진압한 것으로 민주노동당과 진보 세력에게 배신감과 고통을 안기기도 했다.

여당인 새천년민주당 입장에서도 노무현의 행보가 마땅치 않기는 마찬가지였다. 갈등이 본격화한 것은 2003년 3월 14일 노무현이 한나라당이 주장한 대북 송금 특검을 수용하면서부터였다. 민주당 내 동교동계 인사들은 노무현의 특검 수용은 김대중과 이전 정권이 추진한 햇볕정책에 대한 배신이라 규정했다.

반대로 민주당의 신주류라 불리면서 노무현 편에 섰던 이른바 '천-신-정'(천정배, 신기남, 정동영)은 민주당의 계파정치와 호남 중심주의가 노무현 정권의 개혁 드라이브를 방해한다며 이를 비판하고 나섰다. 이후 이들은 지역주의를 넘어서는 개혁적 전국 정당을 만들어야 한다며 신당 창당을 추진한다.

2003년 9월, 민주당의 분열과 갈등이 가속화되는 가운데 노무현은 '무당적 국정 운영'을 선언하며 민주당에서 탈당한다. 현직 대통령이 집권 여당을 탈당한 사례가 없었던 것은 아니지만, 대부분 집권 말기 차기 대선 후보와의 관계를 고려한 행보였다. 취임 초기에 집권 여당의 개혁을 요구하며 탈당한 것은 처음 있는 일이었다. 이 탈당 사태가 사실상 대통령이 신당에 뜻을 두고 있다는 정치적 제스처로 해석되면서 이후 창당 준비는 빠르게 진행되었다. 가장 먼저 '천-신-정'과 친노 직계 세력이 탈당했고, 이어 한나라당의 일부 개혁파 의원과 개혁 국민정당 인사들이 그 대열에 합류했다. 민주당의 분열과 신당 추진 움직임은 11월 11일, 의원 47명이 포함된 열린우리당이 출범하는 것으로 마무리된다.

열린우리당의 창당으로 정치권은 4당 체제에 돌입한다. 1당인 한나라당과 2당인 새천년민주당에 이어 열린우리당은 3당 위치였고, 그 뒤를 자민련이 뒤따랐다. 열린우리당은 집권 여당이었지만 의석수는 개헌 저지선에도 미치지 못했다. 압도적인 여소야대 국면에서 국정운영이 제대로 될 리 없었다. 따라서 열린우리당은 2004년 4월로 예정된 총선에 전력을 다할 수밖에 없었다. 이에 노무현은 기자회견에서 "개헌 저지선까지 무너지면 그 뒤에 어떤 일이 생길지 나도 정말 말씀드릴 수가 없다." "열린우리당을 압도적으로 지지해줄 것으로 기대한다." 같은 발언으로 지지를 호소한다. 그러자 2004년 3월 중앙선거관리위원회는 노무현의 발언을 두고 공직선거법 위반 소지가 있다면서 중립 의무를 지켜달라고 요청했다. 야당도 가만히 있지 않았다. 선관위의 결정을 근거로 노무현 대통령에게 사과를 요구하며 공세에 나선다. 그러나 노무현은 선관위의 결정을 납득할 수 없으며 사과를 요구하는 것은 부당한 정치적 압력이라며 거부의 뜻을 내비쳤다. 노무현이 정치적 설화에 휘말리면서 노무현과 열린우리당에 적개심이 강했던 민주당은 이를 기회로 여긴다. 그들이 꺼내든 카드는 바로 '탄핵'이었다.

국민의 힘을 무시한 '의회 쿠데타'의 마지막

2004년 3월 9일, 한나라당 의원 108명과 새천년민주당 의원 51명이 서명한 대통령 탄핵소추안이 발의되었다. 자민련은 동참하지 않았지만 계속해서 대통령의 사과를 요구하며 노무현을 압박했다. 다음 날인 3월 10일부터는 탄핵안을 처리하려는 야당 의원들과 이에 반대하는 열린우리당 의원들이 대치하기 시작했다. 3월 11일, 노무현의 둘째 형인 노건평의 비리 스캔들에 연루된 대우건설 남상국 사장이 투신자살하는 사건이 발생한다. 유족들은 남상국 사장이 투신한 것은 노무현 대통령이 기자회견에서 남상국 사장의 실명을 거론하며 조롱했기 때문이라고 주장한다. 대북 송금 특검 당시 정몽헌 현대아산 회장에 이어 남상국 사장까지 투신하자 언론은 노무현 대통령을 강하게 비판했다. 이에 자민련이 탄핵에 동참하겠다고 선언하면서 상황은 급변한다.

야당들은 대통령 탄핵 사유로 크게 네 가지 이유를 들었다. 첫째는 열린우리당 지지를 호소한 대통령의 발언이 공무원의 정치적 중립 의무를 위반했다는 것이다. 선관위가 제지했는데도 지지 발언을 철회하거나 사과하지 않은 것은 헌법을 수호해야 할 대통령의 의무에 어긋난다는 주장이었다. 둘째는 대통령직을 걸고 재신임 투표를 제안한 것을 들었다. 국민투표를 정치적으로 도구화한 것은 헌정 질서에 위배된다는 비판이었다. 셋째는 대통령 측근 및 친인척 비리에 관한 것이었고, 넷째는 대통령의 직무 소홀로 경제가 파탄 났다는 이유였다.

그러나 실제로 야당이 대통령 탄핵에 나선 것은 열린우리당의 심상

2004년 3월 12일, 경위들의 호위 속에 노무현 대통령 탄핵소추안 가결을 선포하는 국회의장.

찮은 지지율 상승 현상 때문이었다. 전국 정당을 자임한 열린우리당
은 민주당의 텃밭이었던 호남만이 아니라 영남에서도 지지세가 확산
되고 있었다. 총선을 앞둔 상황에서 열린우리당이 각종 여론조사에서
1위를 차지하자 다급해진 야당은 노무현 대통령을 공격하는 것으로
정국 주도권을 쥐고 지지세를 결집할 계획이었다.

　3월 12일 오전 11시, 박관용 국회의장은 경호권을 발동하고 국회
경위들을 대동한 채 본회의장에 들어섰다. 의장석을 점거한 열린우리
당 의원들이 강하게 반발했지만 힘을 앞세운 국회 경위들을 막아낼
수는 없었다. 이 과정에서 격렬한 몸싸움이 벌어졌다. 국회가 아수라
장으로 변한 상황에서 박관용 의장이 탄핵소추안을 상정하자 야당 의
원들은 박수갈채를 보냈다. 그리고 탄핵안은 상정된 지 채 30분도 지

나지 않아 가결되었다. 195명의 야당 의원들이 투표에 참여해 193명이 찬성한 것이다.

그러나 이는 절차적 문제가 있는 사건이었다. 대통령 탄핵소추라는 중대 사안을 여론 수렴 없이 원내 다수의 힘으로 밀어붙였기 때문이다. 여소야대 국면에서 야당이 수를 앞세워 안건 통과를 강행한 것은 헌정사에서 매우 드문 일이었다. 총선을 얼마 남기지 않고 추진되었다는 점에서 탄핵소추는 민의를 제대로 반영하지 않았다는 비판에 직면할 수밖에 없었고 그것은 곧 '역풍'으로 돌아온다.

국회 경위들에게 들려나가는 열린우리당 의원들의 참담한 모습은 텔레비전 생중계로 그대로 송출되었다. 200명 가까운 야당 의원들이 소수의 열린우리당 의원들을 강제로 끌어내는 모습을 본 많은 국민들은 충격에 휩싸였고 분노했다. 국민의 손으로 뽑은 대통령을 국회의원들이 쫓아냈다는 비난은 점점 거세졌다. 1987년 6월항쟁을 생생하게 기억하는 국민들에게 대통령 직선제는 민주주의의 동의어나 다름없었기에 국민의 동의 없이 대통령 탄핵소추안을 통과시킨 것은 민주주의에 대한 억압이자 의회 쿠데타로 인식되었다.

탄핵안이 통과되자 국민들은 대대적으로 저항했다. 탄핵소추안이 가결된 당일 저녁부터 국회 앞에서 시작된 '탄핵 무효 촛불집회'는 광화문으로 확산되어 연일 환하게 불을 밝혔다. 20만 명이 넘는 시민들이 촛불집회에 참석했다. 또 사회 주요 인사들은 물론이고 사회적 발언에 신중한 연예인들까지 탄핵안 가결을 비판할 정도로 여론은 노무현 대통령을 향한 동정으로 가득했다. 특히 노무현의 대통령 당선을 이끌었던 인터넷 커뮤니티에서는 탄핵 주도 세력을 심판해야 한다는 주장이 강력하게 제기되었다.

'탄핵 주도세력 심판론'이 등장하면서 야당 지지율은 급락했고, 반대로 열린우리당 지지율은 천정부지로 치솟았다. 야당은 전혀 예상하지 못했던 전개에 당황했다. 이에 한나라당은 당내 비주류 인사였던 박근혜를 새 대표로 선출하는 등 대구·경북 지역 민심 다잡기에 나섰고, 민주당은 대중적 인기가 높았던 추미애를 선대위원장으로 뽑아 삼보일배를 하는 등 회생을 위해 노력했다.

역풍이 가져다준 새로운 정치 구도

2004년 4월 15일 치러진 제17대 국회의원 선거는 새로운 형태의 비례대표제가 도입된 선거였다. 지역구 투표율에 따라 전국구 의석을 배분하던 기존 제도가 아니라, 1인 2표제를 도입해 지역구 후보와 정당에 각각 투표하는 방식을 채택한 것이다. 정당 투표 방식이 도입되면서 소선거구제 아래서 의석을 차지하지 못했던 소수 진보 정당이 원내에 진출할 가능성이 생겼다. 그뿐 아니라 예비후보제도를 도입해 정치 신인들이 기존 의원들과 공정한 경쟁을 할 수 있도록 길을 열었다. 그러나 무엇보다 17대 총선을 지배한 것은 '탄핵 역풍'이었다. 탄핵 반대 여론은 열린우리당에 대한 압도적 지지로 이어졌다. 각종 여론조사에서 열린우리당은 모든 지역, 모든 세대를 통틀어 1위를 차지했다. 이 추세가 이어진다면 열린우리당이 전체 의석의 3분의 2를 차지해 개헌 선까지 돌파할 것이라는 보도가 연일 쏟아져나왔다. 그러나 열린우리당 정동영 의장이 '노인 폄하' 발언으로 구설수에 오르면서 막판 선거 판세에 영향을 미쳤고, 열린우리당은 의석 총수의 절반을 겨우 넘긴 152석을 획득하는 데 그쳤다.

박근혜를 대표로 내세워 불끄기에 나선 한나라당은 기득권을 포기하겠다는 의미에서 이른바 '천막 당사'로 이전하는 등 이미지 쇄신에 전력을 다했다. 이 전략이 어느 정도 효과를 거둬 한나라당 지지율은 다시 반등했고, 결국 한나라당은 121석을 얻어 탄핵 역풍 속에서도 개헌 저지선을 지켜내는 데 성공했다.

탄핵안을 주도한 민주당과 여기에 동조한 자민련은 안마당인 호남과 충청권에서도 열린우리당에게 상당 의석을 내주며 참패했다. 특히 자민련은 비례 1번으로 김종필을 내세우는 강수를 뒀음에도 비례 득표율이 2.8퍼센트에 그쳐 단 한 명의 비례의원도 배출하지 못했다. 민주당과 자민련이 몰락한 반면 원외 정당이던 민주노동당은 1인 2표제의 가장 큰 수혜자가 되어 원내 제3당으로 급부상했다. 민주노동당의 원내 진출은 제2공화국 이래 44년 만의 일이었다. 민주노동당은 노동자가 몰려 있는 울산과 창원에서 각각 조승수와 권영길이 당선되며 지역구 2석을 얻었고, 거기에 비례의원 8명이 당선돼 진보정당에 대한 기대와 열망을 불러일으켰다.

총선 정국이 마무리된 5월 14일, 헌법재판소가 대통령 탄핵소추안을 기각하면서 노무현은 대통령직에 복귀한다. 개혁 정당을 자임한 열린우리당이 의석 과반을 차지하고, 진보정당인 민주노동당이 원내에 진출하면서 노무현 정권의 개혁은 다시 힘을 얻는 듯했다. 그러나 여대야소 국면이 마련되었는데도 노무현 정권의 후반기는 순탄치 않았다. 노무현 정권의 '4대 개혁 입법'은 매번 한나라당의 끈질긴 반대에 부딪혔고, 이라크 파병과 한미FTA는 민주노동당과 당내 반발을 샀다. 이후 노무현 정권의 좌충우돌은 결국 정치적 패배로 이어지면서 국민들에게 큰 실망을 안긴다.

　노무현의 대통령 당선과 탄핵 국면에서 분출된 국민들의 정치 열정이 산산이 흩어지고 정치적 냉소의 시대가 오기까지는 그리 오랜 시간이 걸리지 않았다.

12장

노무현 정권의 실패와 사립학교법 날치기

사립학교라는 '왕국'에 돌을 던진 민주당

2002년 10월, 16대 국회 교육위원인 민주당 설훈 의원은 국정감사에서 사립학교 재단 이사장과 설립자 친인척의 사립학교 근무 현황을 분석해 발표했다. 사립대학 상당수에서 이사장, 이사, 총장, 학장, 사무처장 같은 주요 직책을 재단 설립자의 친인척들이 세습하거나 나눠먹고 있다는 문제제기였다.[25] 설훈 의원은 사학 비리가 이른바 족벌 지배체제에 근간을 두고 있다는 점을 드러내고자 한 것이다.

1990년대에 들어 상지대, 영남대, 조선대를 비롯한 많은 사립대학에서 학교 운영을 둘러싼 비리와 분규가 끊이지 않았다. 사립학교 재단 설립자 가운데 상당수는 친인척을 요직에 배치해 학교 운영을 좌지우지하면서 땅 투기나 교비 횡령, 건설비 리베이트 같은 다양한 방식으로 뒷돈을 챙겼고, 행여나 이를 적발해 비판하는 교수나 직원 또는 학생이 나오면 징계하거나 때로는 해고로 맞대응했다. 사학을 감시하고 제어해야 할 교육 관련 부처는 사학의 편을 드는 경우가 비일비재했다. 교육 관련 부처의 일부 공무원들은 사학 족벌의 뒷배가 되어주는 대가로 퇴직 후 교직원 자리를 보장받는 등의 유착을 맺기도 했다. 사학 족벌의 독단과 전횡을 견제할 장치가 없는 상황에서 사립학교는 설립자 일가족이 지배하는 이른바 '왕국'으로 자리매김했고,

그 피해는 고스란히 구성원들에게 전가되었다. 교육 공공성을 훼손한 사립학교가 난립하면서 교육 현장은 황폐화되기 시작했다.

전국교직원노동조합을 비롯해 양심적 교육 세력들은 일찍부터 사학 문제를 거론하면서 이들의 전횡을 제어할 수 있도록 '사립학교법'(사학법)을 개정해야 한다고 주장했다. 노무현 대통령 역시 대통령 후보 시절 사학 문제를 교육 개혁의 핵심이라 보고, 사학의 공공성과 책임성을 확보하겠다고 공언했다. 노무현 정권 출범과 더불어 사학법 개정 논의가 뜨겁게 달아오른 것은 결코 갑작스러운 일이 아니었다.

노무현 정권은 공익이사제도를 도입해 족벌체제를 견제하고, 대학평의회를 설치해 대학 운영의 봉건적 구조를 민주화하는 쪽으로 개정 방향을 정했다. 구체적으로는 그동안 임의기구였던 대학평의원회를 교육에 관한 주요 사항을 심의하는 필수기구로 설치하도록 의무화하고, 학교운영위원회나 대학평의원회가 추천하는 이사를 전체 이사 정수의 4분의 1 이상 두도록 하는 개방형이사제를 도입하는 것, 학교운영위원회나 대학평의원회의 추천에 따라 감사 한 명을 선출하고, 공익성을 보장받는 외부 인사를 이사로 임명해 사학 족벌이 지배하는 이사회를 견제하는 것, 그리고 구성원의 참여가 보장되는 대학평의원회에 대학 운영의 주요 권한을 부여하는 것 등이었다.[26]

강력한 '보수 동맹'의 탄생

그러나 사학법 개정안은 곧바로 강력한 반대에 부딪혔다. 자신만의 왕국에서 배를 불리던 사학 족벌의 반대가 가장 격렬했던 것은 당연했다. 이들은 사욕 추구와 책임 방기를 '교육의 자율성'이라는 명분으로 포장하며 개정 반대운동을 주도했다. 전국의 초·중·고등학교에서부터 대학교에 이르기까지 한국 교육의 상당 부분을 이 세력이 장악하고 있었기에 그 영향력은 대단했다. 이른바 교육 기득권 세력의 반발은 17대 국회의 과반 의석을 차지한 열린우리당조차 무시하기 어려운 힘이었다.

사학재단을 직간접적으로 소유한 종교계의 반발도 거셌다. 종교계는 종교와 종파를 가리지 않고 사립학교를 소유한 곳이 많았다. 세속적인 것과는 거리를 두어야 한다고 가르치던 종교계조차 자신들이 누려온 기득권을 쉽게 포기할 수는 없었던 것이다. 엉뚱하게도 이들은 '교육 민주화'를 바라는 여론의 요구에서 출발한 사학법 개정안을 종교 탄압으로 간주하고 반대운동에 힘을 실었다. 노무현 정권에게는 큰 압력이 아닐 수 없었다.

사학법 개정안에 대한 왜곡된 사실들을 퍼뜨린 보수 언론도 반대운동의 주체나 다름없었다. 이들도 사학과 무관하지 않았기 때문이다. 대표적으로 〈조선일보〉 방일영 명예회장은 연세대학교 이사장이었고, 〈동아일보〉는 고려대학교와 떼어놓을 수 없는 관계였다. 보수 언론은 "사학법이 개정되면 학교가 전교조 손에 들어간다"(〈조선일보〉 2005년 12월 10일자 사설)거나 "위헌적 악법"(〈동아일보〉 2005년 12월 10일자 사설)이라며 사학법 개정안을 강력하게 비판했다. 사학법 개정을 둘러싼 갈등은 노무현 정권에 대한 보수 언론의 악감정을 증폭시키는 구실이 되었다.

2004년 제17대 총선 이후 박근혜 체제를 유지하던 한나라당도 사학법 개정 반대투쟁에 그야말로 '올인'한다. 한나라당에는 사학과 연관이 있는 인사들이 꽤 있었다. 대표적으로 비리 사학의 대명사인 상지대의 김문기 이사장은 한나라당의 전신인 민자당의 국회의원이었고, 사학 비리 논란이 끊이지 않던 세종대의 주명건 이사장은 이명박 전 서울시장의 싱크탱크 가운데 한 사람이었다. 영남대 이사장을 역임한 박근혜 대표도 대학에 강한 영향력을 행사하는 인물이었다. 한나라당에게 사학법 개정안은 어떻게든 막아야 할 '악법'이었다.

자연스럽게 사학 족벌, 종교계, 보수 언론, 한나라당은 같은 목적을 가진 '보수 동맹'으로 끈끈하게 뭉친다. 이들은 사학법 개정안이 '사회주의·전체주의적 정책'이라며 이념 공세를 퍼붓는다. 한편 한나라당은 사학법 개정안과 관련해 열린우리당의 중재안을 받아들이지 않겠다고 강경한 입장을 밝히며 노무현 정권과 각을 세운다.

노무현 정권의 사학법 개정안 날치기

2004년 4월 15일 총선에서 탄핵 역풍을 타고 국회 과반을 차지한 열린우리당은 각종 개혁 과제들을 하나씩 추진해나간다. 원내대표인 천정배가 주도한 '국가보안법 폐지' '과거사 진상규명법' '사립학교법 개정' '언론관계법' 등 이른바 '4대 개혁 입법'은 그중에서도 핵심 과제였다. 그러나 10월 21일, 헌법재판소에서 신행정수도법이 위헌 판결을 받으면서부터 노무현 정권의 계획은 조금씩 차질을 빚는다. 4대 개혁 입법도 마찬가지였다. 한나라당이 강력하게 반대하는 가운데 중재안과 협상안을 놓고 당내 갈등까지 일면서 개혁 드라이브에 서서히

2005년 12월 9일, 개방형이사제 도입을 골자로 한 사립학교법 개정안을
국회의장이 표결처리하자 한나라당 의원들이 무효 구호를 외치고 있다.

제동이 걸린 것이다. 열린우리당의 당내 분열은 곧바로 지지율 하락
으로 이어졌는데, 중도층만이 아니라 개혁 지지 세력마저 열린우리당
을 성토하는 지경에까지 이른다. 설상가상으로 열린우리당은 2005년
4월 실시된 재보궐 선거에서 참패하면서 과반 의석을 상실하고, 궁지
에 몰린다.

　대통령 경선 과정에서부터 탄핵 국면에 이르기까지 지속적으로 강
수를 두어온 노무현은 열린우리당이 부진에 빠지자 다시 한 번 승부수
를 던진다. 2005년 여름, 한나라당과 '대연정'을 추진하겠다는 구상을
밝힌 것이다. 그러나 이전까지의 승부수와 달리 '대연정' 구상은 초라

하게 막을 내린다. 노무현의 구상은 한나라당으로부터 무시와 냉소를 받은 것은 물론 당내 반발까지 샀고, 민주노동당을 비롯한 진보진영에게도 강력하게 비판받는다. 그렇게 '대연정' 제안은 지지층에 실망만 안긴 채 없던 일이 된다.

노무현 정권은 2005년 '8·31부동산종합대책' '종합부동산세' 같은 유의미한 개혁 과제들을 내놓기도 했지만 보수 언론의 계속되는 공격과 한나라당의 보이콧 그리고 당내 분열까지 겹치면서 자중지란에 빠진다. 게다가 과반 의석을 상실했기에 법안을 통과시키기 위해서는 민주노동당과 민주당에게 손을 내밀 수밖에 없었고, 한나라당의 눈치를 살펴야 했다. 이처럼 정부와 당이 출구를 찾을 수 없는 상황에 놓이자 노무현 정권은 지지 세력을 붙잡기 위한 강력한 돌파구로 그동안 지지부진했던 사립학교법 개정안 카드를 다시 꺼내든다.

2005년은 사학법 개정안에 반대하는 보수 동맹과 개정 강행을 요구하는 진보적 시민사회 세력 간의 싸움이 치열한 해였다. 마침내 12월, 열린우리당은 한나라당을 설득하는 게 무의미하다고 판단하고 사학법 개정안 처리를 강행하기로 결정한다. 사학법 개정에 원내 야당인 민주노동당과 민주당이 찬성한 상황이었기에 한나라당을 설득하기 위해 계속 끌려다닐 수 없다는 결론을 내린 것이다. 또 열린우리당이 내놓은 중재안을 한나라당이 거듭 거절했기에 사학법 개정안 처리를 강행한다고 해서 민심이 돌아서지 않을 것이라 예단했다. 결국 열린우리당은 12월 9일 사학법 개정안을 직권상정한다. 그리고 한나라당의 육탄 저지 속에서 개정안은 국회 본회의를 통과한다. 법안이 논의되기 시작한 지 2년 만의 일이었다.

"이게 다 노무현 때문이다"

열린우리당이 사학법 개정안을 강행 처리한 것을 두고 한나라당 박근혜 대표는 "날치기로 통과된 사학법 개정안은 무효"라고 주장하면서 장외 투쟁을 선언한다. 이후 한나라당은 53일간 국회 등원을 거부하면서 새해 예산안과 민생법안 처리를 무력화했고, 등원을 재개한 이후에도 사학법 재개정 없이는 여타 법안 처리에 동의할 수 없다며 열린우리당을 강하게 압박했다. 한나라당의 보이콧으로 4월과 6월의 임시국회 그리고 9월의 정기국회는 파행을 맞는다. 민주 정부를 자임한 노무현 정권에게 다수 야당인 한나라당이 주도한 국회 파행 사태는 무척 곤혹스러운 일이었다. '보수 동맹'의 힘은 여과 없이 발휘되었는데, 수많은 종교 집회에서는 정부를 비판하는 설교가 이어졌고, 보수 언론은 국회 파행의 책임을 노무현 정권에게 지우며 맹공을 퍼부었다. 이와 함께 노무현 정권의 지지율은 끝없이 추락했다.

2006년 5월 31일 실시된 제4회 동시지방선거는 대한민국 역사상 여당이 가장 철저하게 참패한 선거로 기록되었다. 한나라당은 광역지방자치단체장 열여섯 자리 가운데 열두 자리를 가져갔고, 남은 네 자리 가운데 두 자리는 민주당이, 한 자리는 무소속이 차지했다. 여당인 열린우리당은 전라북도에서만 겨우 당선자를 내는 데 그쳤다. 기초지방자치단체장 선거에서는 230개 지역에서 155명을 당선시킨 한나라당의 압승이었다. 광역의회와 기초의회는 말할 것도 없었다.

2006년 지방선거 결과는 노무현 정권이 사학 전쟁에서 패배했음을 여실히 보여주었다. 그리고 2007년 7월 27일, 열린우리당은 한나라

2005년 12월 28일, 대전에서 열린 사립학교법 개정 무효화 촉구를 위한
한나라당의 다섯 번째 장외 촛불집회.

당의 사학법 재개정 요구에 결국 굴복했다. 대학평의원회의 독자적
개방이사 추천권은 폐지되어 개방형이사제는 그 이름만 남게 되었고,
친인척 임명제한제는 대폭 완화되었다. 족벌 사학의 만행을 통제하려
는 시도는 사실상 무력화된 것이나 다름없었다. 상황은 2005년의 사
학법 개정 이전으로 회귀했다.

　사학법 개정안만이 아니라 종합부동산세와 언론개혁법 같은 여타
개혁도 결국에는 좌절되거나 이후 이명박 정권에서 '개악'되는 것으로
마무리된다. 열린우리당은 과반이라는 의석을 차지하고도 한나라당
의 보이콧 전략에 내내 끌려다니는 무기력한 모습만 보이며 패배한
꼴이 되어버렸다. 게다가 그동안 날치기 정국의 주연을 주로 맡아왔

던 한나라당은 되려 열린우리당에 '날치기 프레임'을 덧씌웠다.

노무현 대통령의 정치적 승부수들은 국민들에게 '어디로 튈지 모르는' '불안정한' 이미지만 심어주며 좌초했고, 보수 언론은 그 이미지를 신랄하게 부각시키며 대중의 정치 혐오 정서를 자극했다. 압도적 여론을 형성해 노무현을 대통령으로 당선시키는 데 일등공신 역할을 한 인터넷 커뮤니티도 종국에는 노무현 정권에 상당수 등을 돌렸다. "이게 다 노무현 때문이다"라는 유행어가 나온 것도 이때다.

정치적 냉소 시대의 서막

노무현 정권의 '사학 전쟁' 패배는 여러 고민거리를 남겼다. 노무현과 그 세력은 한나라당과 일대일 구도에서도 밀리지 않고 정권을 쟁취했으며, 탄핵소추라는 역경을 딛고 국회 과반 의석을 차지했다. 이는 수십 년간 정치 지도자로서 존경을 받았던 김대중조차 이뤄내지 못한 기적 같은 일이었다. 그런 배경을 가졌음에도 노무현 정권은 수십 년간 형성된 기득권 세력의 조직적 반발을 끝내 극복하지 못했다.

노무현 정권의 실패는 단순히 정권 차원의 실패를 넘어서는 일이었다. 다시 말해 그 실패는 민주주의와 개혁을 향한 시민들의 정치적 열정과 희망을 꺾어버리는 결과로 이어졌다. 그리고 이는 더 심각한 문제를 야기했다. 김대중과 노무현의 민주개혁 정부 10년을 두고 '잃어버린 10년'이라 지칭한 보수 언론의 수사는 대중에게 여과 없이 전달되었고, 노무현 정권을 향한 대중의 기대가 컸던 만큼 실망과 냉소 역시 무척 깊었다. 이른바 '정치적 냉소주의'는 투표율 저하 현상으로 나타났다. 2007년 치러진 제17대 대통령 선거 투표율은 역대 대통령 선거 투표율 가운데 가장 낮은 63퍼센트였고, 곧이어 열린 2008년 제18대 국회의원 선거는 46.1퍼센트라는 매우 저조한 투표율을 보였다.

'날치기'를 바라보는 인식도 많은 부분 달라졌다. 권위주의 정권 시절에 집권 여당이 힘을 앞세워 날치기를 강행한 것은 비판받아 마땅하다. 기득권을 쥔 세력이 그것을 잃지 않기 위해 반대 세력을 찍어 누르면서 자신들에게 유리한 내용으로 법을 바꾸는 행동이 바로 날치기다. 그러나 사학법 개정안 표결을 두고 한나라당과 보수 언론이 만든 날치기 프레임은 그 성격이 달랐다. 새로운 날치기 프레임은 집권 여당의 정치적 책임을 강조하고 이를 비판하는 회초리 역할을 하기보다 원만하게 합의를 이루지 못하는 국회에 대한 신뢰도를 떨어뜨려 대중이 정치를 '추하고 더러운 것'으로 인식케 만들었다. 이 프레임 아래서는 법안 내용은 무엇이고 왜 갈등이 일어나는지, 법안을 둘러싸고 어떤 협상을 거쳤으며 왜 타협에 실패했는지가 드러나 보이지 않는다. 분명 국회를 통과한 법안이 시민들의 삶에 직간접적 영향을 미치는데도 '매일 싸움만 하는 국회'라는 이미지가 형성되었으며, 결국 이 이미지는 정치적 냉소주의가 확대되는 데 큰 영향을 미쳤다.

특기할 만한 것은 이 시기를 기점으로 열린우리당을 비롯한 민주당계 정당에 대한 불신이 증폭되었다는 점이다. 해방 직후 결성된 한국민주당을 그 뿌리로 하는 민주당계 정당은 태생적 보수성과 계파 정치라는 구태로 많은 비판을 받았음에도, 장기간 독재 정권과 대립하면서 민주화에 기여했다는 평가와 더불어 수권 정당이라는 위상을 정립했다. 그러나 노무현 정권의 실패와 열린우리당의 창당 그리고 이후 반복되는 분열과 통합의 역사는 민주당계 정당에 대한 시민들의 불신을 강화했다.

이명박 정권이 출범한 이후 2008년 '광우병 쇠고기 수입 반대 촛불집회', 2009년 '노무현 대통령 추모 집회', 2011년 '반값 등록금 집회' 같은 정부 비판 성격의 운동이 국민들로부터 큰 호응을 얻었는데도, 이런 움직임이 민주당계 정당에 대한 지지로 이어지지는 않았다. 오히려 민주당은 '반MB'라는 슬로건 아래 독자적인 의제 없이 반정부 투쟁에 무임승차한다는 비판만 떠안는다. 민주당이라는 제1 야당에 대한 불신과 정치적 냉소주의는 그래서 '비정치적 제3세력'에 대한 선호로 연결되었다. 2007년 대통령 선거 국면의 '문국현 현상'이나 2012년 대통령 선거 시기 돌풍을 일으킨 '안철수 현상'이 그 대표적 방증일 것이다.

13장

미디어법 날치기와 민주주의의 후퇴

탈정치를 내세운 대통령의 당선

2007년 12월 19일 실시된 17대 대통령 선거는 누구나 예상했던 대로 흘러갔다. 한나라당 이명박은 대통합민주신당 정동영을 무려 20퍼센트포인트 이상 따돌리며 여유롭게 당선되었다. 이명박의 집권은 제도 정치의 무력화 현상을 보여주는 사건이라는 점에서 특기할 만했다. 이명박은 국회의원과 서울시장을 거쳐 대권에 도전한 '정치인'이긴 했지만 정계에 진출한 뒤 그가 계속 강조한 부분은 '자수성가한 경영자'라는 이미지였다. 다시 말해 군부 정권이 종식된 이후 대통령을 역임한 김영삼, 김대중, 노무현이 모두 '정치 지도자'로서 역할을 해줄 것이라는 기대 속에 당선되었다면, 이명박은 '기업가'라는 경력을 앞세워 당선되었다. 성공한 경영인으로서 대한민국 경제를 살리겠다는 이명박의 선거 전략은 마치 대기업 CEO를 뽑는 선거라는 착각을 불러일으킬 정도였다.

이명박의 주요 대선 공약이었던 이른바 '747공약'이나 '한반도 대운하'가 대표적이다. 그때까지 대통령 후보들은 이전 정권의 실정을 비판하거나 개혁 과제들을 제시하면서 다른 정치를 보여주겠다는 점을 강조했다. 그러나 이명박은 차별화된 정치 비전을 제시하기보다 경제 성장을 반드시 이루겠다는 목표만 강조해 언급했다. 정부 출범 이후 '실용 정부'라는 별칭을 내건 것도 정치인이 아니라 경영인으로서 자신의 모습을 강조하려는 시도로 해석할 수 있을 것이다.

이명박이 내세운 탈정치적 면모는 한나라당 내에서도 많은 논란을 빚었다. 이명박은 김영삼이나 이회창처럼 당을 강력하게 장악한 후보가 아니었다. 오히려 대중적 지지를 얻으며 당을 장악한 인물은 박근혜였다. 게다가 이명박은 대통령 후보 시절 각종 의혹이 제기되었음에도 지지율에는 크게 영향을 받지 않았다. 그렇다면 누구보다 탈정치적인 그가 당 내 영향력이 강력하지 않았는데도 대통령 후보로 선출되고, 또 압도적인 지지로 당선된 이유는 무엇일까? 이명박의 당선은 제도정치에 대한 국민들의 불신이 어느 정도였는지 보여주는 하나의 지표였다고 할 수 있다.

촛불집회와 무력한 제도정치

이명박 정권은 집권 초기부터 노무현 정권이 추진한 한미FTA의 후폭풍을 맞아 강력한 사회적 저항에 부딪힌다. 한미FTA 관련 쇠고기 통상협정이 진행되는 가운데 광우병 우려가 제기되었지만 정부는 관련 의혹에 불통으로 일관하면서 사태를 키웠다. 게다가 노무현 정권 시기 미국산 쇠고기의 안전 문제를 제기했던 한나라당과 보수 언론이 정권 출범 직후 입장을 바꾸면서 미국산 쇠고기 수입에 대한 시민들의 불안과 불신은 더욱 확산되었다. 이런 분위기에서 2008년 5월 미국산 쇠고기 수입에 반대하는 촛불문화제가 청계광장에서 열렸다. 그런데도 이명박 정권은 쇠고기 수입 문제와 관련한 시민들의 의혹 제기에 무성의한 반응을 보였고, 촛불문화제가 그 세를 점점 늘려나가자 강경하게 진압한 뒤 배후 세력을 의심하는 등 여론에 반하는 행동을 보였다. 정부의 태도에 시민들은 분노했다. 결국 청계광장에서 시작된 촛불문화제는 전국적인 촛불집회로 확산되었고 규모는 순식간에 수십만 단위로 불어났다.

2008년 6월 10일에는 전국에서 100만여 명(주최측 추산)이 집회에 참여했을 정도로 시위는 최고조에 달했다. 시위 구호도 다양화되었는데, 한반도 대운하 사업에서부터 의료 민영화 문제에 이르기까지 이명박 정권이 추진하는 정책 전반을 겨냥해 만들어졌다. 특기할 것은 촛불집회가 대규모 반정부 집회로 확산되었는데도 국민 여론이 제1야당인 통합민주당 지지로 이어지지 않았다는 점이다. 시민들은 열린우리당 시절부터 계속된 무능과 분열, 그리고 야당으로서 제 역할을 하지 못하는 것에 무척 실망해 있었다. 반대로 촛불집회에 적극 참여한 민주노동당과 진보신당 같은 진보 세력에 대한 여론은 긍정적으로 바꼈다. 기존 제도정치에 대한 시민들의 불만이 어느 정도인지 확인할 수 있는 대목이다.

2008년 가을로 접어들었는데도 이명박 정권의 태도에 가시적인 변화가 보이지 않자 촛불집회는 점차 사그라들었다. 그렇지만 성과가 없었던 것은 아니다. 이후 용산 참사 문제, 반값 등록금 문제, 한미FTA 문제, 한진중공업 문제처럼 사회적 이슈가 생성될 때마다 시민들은 적극적으로 목소리를 내기 시작했다.

이명박 정권 내내 사회적 이슈가 만들어질 때마다 시민들이 직접적으로 행동에 나섰다는 것은 거꾸로 정권을 견제하고 비판해야 할 제도정치 내 야당에 대한 기대가 사라졌다는 사실을 의미했다. 이를 입증하듯 이명박 정권에서는 여대야소 정국이 계속 이어졌다. 통합민주당은 제1 야당이었음에도 반정부 여론이 가져다주는 어떤 혜택도 받지 못한 것이다. 이는 노무현 정권 시기부터 계속된 당의 내분을 제대로 수습하지 못한 데서 비롯되었는데, 야당은 '탈당 쇼' '통합 쇼' 라는 비아냥거림을 들을 정도로 분열과 통합만 반복했다. 2007년 대통합민주신당이라는 이름으로 대통령 선거를 치른 다음 민주당과 합쳐 통합민주당으로 이름을 바꿨다가 다시 민주당으로 간판을 고쳐 달았고, 그 이후에는 시민통합당과 함께 민주통합당을 창당하고, 18대 대통령 선거 뒤에는 다시 민주당으로 복귀했다. 그리고 안철수 세력과 연합해 새정치민주연합이라는 이름을 내걸었다가 더불어민주당과 국민의당으로 또다시 갈라선다. 분열과 통합이 반복되면서 정치적 중심을 제대로 세우지 못한 제1 야당이 이명박 정권과 이후 보수 세력의 독주를 막아내기는 역부족이었다.

전쟁터를 방불케 한 국회 풍경

2008년 겨울, 촛불집회라는 위기를 넘긴 이명박 정권은 기업과 자본을 위한 정책들을 공세적으로 추진한다. 2008년 12월 10일 열린 제279회 임시국회에서 이명박 정권과 한나라당이 제출한 각종 쟁점 법안들을 두고 여야가 또다시 대치하는데, 이때 한동안 잠잠한 듯했던 물리적 폭력이 다시 등장한다. 이명박 정부는 기업을 옥죄는 규제를 풀어야 한다는 명목으로 금산분리 완화와 출자총액제한제도 폐지 등

2009년 7월 22일, 여의도 국민은행 앞에서 기자회견을 통해
언론관련법의 직권상정 중단을 촉구하는 시민단체 대표들.

을 추진하는 한편, 기업과 언론 재벌의 신문과 방송 겸영을 골자로 하
는 '미디어 관련법 전면 개정안'을 내놓는다. 그뿐 아니라 휴대폰과
인터넷 감청을 허용하는 통신보호비밀법 개정안, 사이버 모욕죄 신설
같은 표현의 자유를 억압하는 법안들, 그리고 오랜 기간 논란을 빚었
던 한미FTA 비준안까지 표결을 추진한다. 국회는 법안을 통과시키려
는 여당과 이를 반대하는 야당 사이의 전쟁터로 돌변해버렸다.

　2008년 12월 18일, 한나라당은 외교통상위원회 회의실에 바리케이
드를 치고 야당 의원들의 진입을 막은 상태에서 한미FTA 비준안을
단독 상정한다. 야당 의원들이 해머와 전기톱 등을 이용해 바리케이
드를 부수며 진입을 시도하자 한나라당 의원들이 소화기를 들어 분말
을 뿌리는 등 마치 공성전을 방불케 하는 상황이 펼쳐졌다. 이 장면이

그대로 텔레비전 뉴스를 타고 국민들에게 전해지면서 17대 국회는 이른바 '폭력 국회'라는 오명을 쓴다.

한편, 이날 벌어진 여야 의원 간의 충돌로 국회 사무처가 일부 야당 의원들을 검찰에 고발하면서 상황은 심각하게 돌아가기 시작했다. 민주당은 한나라당이 다른 법안들까지 단독으로 상정할 것을 우려해 국회의장실과 상임위 회의장을 점거하는 것으로 맞대응했다.

이 상황에서 한나라당이 미디어 관련법의 연내 처리 방침을 밝히자 전국언론노동조합은 이를 이명박 정권의 언론 장악 음모로 규정하고 총파업으로 막아내겠다고 선언한다. 언론노조가 총파업에 돌입하자 야당은 본회의장과 중앙홀을 점거하고 한나라당의 날치기를 막아내겠다는 의지를 다졌다.

해를 넘긴 2009년 1월 3일, 김형오 국회의장은 질서유지권을 발동하고 국회 경위를 동원해 야당 의원들을 강제로 해산하겠다고 선언했다. 여당과 야당의 힘겨루기가 계속되는 가운데 1월 5일 민주노동당 의원들과 당직자들이 중앙홀에서 강제로 해산당했고, 일부는 체포된다. 민주노동당 강기갑 대표는 국회 내에 경찰을 투입한 것에 항의해 국회 사무총장실에 난입했는데, 이 과정에서 원탁 위에 올라 책상을 걷어차는 소동을 벌였다. 그런데 이 장면이 언론에 집중 보도되면서 야당의 국회 폭력이 도를 넘었다는 비판 여론이 형성되었다. 다음 날인 1월 6일, 민주당은 한발 물러서 본회의장 농성을 풀고 1월 임시국회를 열어 쟁점 법안을 협의하기로 한나라당과 합의한다.

그런데 2009년 2월 25일, 한나라당 고흥길 문광위원장이 미디어 관련법을 직권상정하면서 여야 간 대립은 다시 격화되었다. 마침내 7월

222

22일 한나라당 의원들은 국회의장석을 점거하고 미디어 관련법 날치기 표결을 강행한다. 여야가 힘을 내세워 충돌하는 상황에서 표결에 필요한 절차는 무시되었고, 심지어 한나라당은 정족수 부족으로 방송법 개정안이 부결되자 재투표를 강행했다. 그뿐 아니라 한나라당 의원들의 대리 투표 의혹이 제기되면서 미디어 관련법 통과는 원천 무효라는 주장이 제기되었다. 이후 헌법재판소는 '입법 과정에 위법성은 인정되지만 법안은 유효하다'는 취지로 판결해 '날치기 입법'에 면죄부를 주었다는 비판을 받는다.

자본과 정권의 언론 장악 시도

민주당과 민주노동당을 비롯한 야당과 언론노조 그리고 각종 시민사회 세력들은 미디어 관련법 통과를 막기 위해 노력했지만 원내 다수를 차지한 한나라당과 이명박 정권의 일방통행을 저지하지는 못했다. 미디어 관련법들은 방송법 개정안, 신문법 개정안, 인터넷 멀티미디어 방송사업법(IPTV법) 등을 통칭하는 것으로, 언론 소유와 겸영에 대한 규제 완화가 골자다. 기존 법안에서는 개인이나 기업이 방송매체를 소유하는 것을 금지하거나 제한했지만, 새 법안은 개인이 방송매체 지분을 40퍼센트까지 소유할 수 있도록 상향했고, 대기업과 언론사가 지상파, 종합편성채널, 보도전문채널 지분을 가질 수 있는 폭을 최대 30퍼센트까지 확대했다. 미디어 관련법 통과로 대기업과 언론사가 방송매체를 소유할 수 있게 되었고, 신문사와 방송사를 동시에 소유하는 것도 가능해졌다.

이명박 정권은 새 법안을 놓고 방송산업에 대한 자본 진출을 확대함으로써 미디어산업이 새로운 경제성장의 동력이 될 것이라고 선전했다. 그러나 공공재 성격을 가진 방송이 특정 개인이나 자본의 지배 아래 예속되고, 또 신문과 방송의 교차 소유가 허용되면서 일종의 언론 독과점 현상이 생겨날 가능성만 더 커졌다. 특히 2010년 12월, 종합편성채널 사업자로 〈조선일보〉 〈중앙일보〉 〈동아일보〉 〈매일경제〉가 선정되면서 논란은 더욱 거세졌다. 종합편성채널 사업자 수가 너무 많아 과다 경쟁이 우려되는데다 이른바 '조중동' 같은 대형 언론사가 방송에 진출하면서 언론 스펙트럼이 보수 일변도로 바뀔 것이라는 비판이 제기된 것이다. 이 지적처럼 2016년 기준으로 종합편성채널들은 시청률 경쟁과 정치 편향으로 많은 문제를 불러일으키고 있다.

미디어 관련법 개정을 통해 가상광고나 간접광고가 허용된 것도 논란이 된 것 가운데 하나다. 이른바 'PPL'이라 부르는 간접광고가 대폭 허용되면서 드라마나 예능 프로그램의 상업적 광고 노출이 눈에 띄게 늘어났다. 간접광고가 시청자의 프로그램 몰입을 방해한다는 지적과 함께 '방송은 공공재인데 특정 기업과 상품을 홍보하기 위해 프로그램을 만들어야 하느냐'는 비판에 직면한 것이다.

미디어 관련법 날치기 통과로 미디어산업의 이익이 대기업과 보수 언론에 집중되는 문제 외에도 정부가 언론을 장악할 우려가 있다는 지적도 일부 사실로 드러났다. 〈MBC〉 〈KBS〉 같은 공중파방송 경영진으로 정부 입맛에 맞는 '낙하산 인사'가 임명되면서 큰 논란을 불러온 것이다. 또 〈TV조선〉 〈채널A〉 같은 종합편성채널 프로그램이 노골적으로 친정부적 메시지를 드러내면서 언론의 공정성이 심각하게 훼손

되었다는 비판도 일었다. 2012년 〈MBC〉 〈KBS〉 〈YTN〉의 방송노조는 보도의 공정성 훼손에 맞서 장기간 파업에 돌입한다. 여론의 지지 속에 〈MBC〉 노동조합은 170일, 〈YTN〉은 100일, 〈KBS〉는 94일 동안 파업을 이어갔지만, 괄목할 만한 성과를 내지는 못했다.

또다시 후퇴하는 민주주의

이명박 정권과 집권 여당은 미디어 관련법을 시작으로 한미FTA 비준 동의안, 예산안 같은 여러 사안을 연달아 날치기로 처리했다. 제17대 대선과 제18대 총선이 비슷한 시기에 실시돼 선거를 통한 '중간 평가'가 어려웠기에 날치기가 더 쉽게 강행된 면도 있다. 날치기가 일상화되면서 국회는 한마디로 '식물 상태'가 되어버렸다. 정부의 언론 장악으로 정부 비판적인 보도들은 점점 찾기 어려워졌고, 과거 권위주의 정권에 맞서 저항을 주도했던 노동운동을 비롯한 제야 시민사회운동은 정권의 파상공세에 역량을 소진하거나 무너졌다.

한나라당은 새누리당으로 당명을 바꾸고 2012년 4월 11일 제19대 국회의원 선거에 임한다. 이들이 공약으로 내세운 '국회선진화법'은 상징적인 것으로 국회의장의 직권상정을 제한하고 다수당이 쟁점 법안을 일방적으로 처리하지 못하도록 하는 이른바 '몸싸움 방지법'이었다. 이 법을 새누리당이 들고 나온 것은 많은 사람이 19대 총선에서 새누리당이 패배할 것이라 예측했기 때문이다. 곧 총선에서 패배하더라도 과반을 차지한 야당이 단독으로 법안을 처리하지 못하도록 만들어 자신들이 날치기로 통과시킨 법안들이 무위로 돌아가지 않도록 하

2012년 5월 2일, 18대 국회 마지막 본회의에서 여야 의원들이
국회선진화법을 비롯한 민생법안들을 처리하고 있다.

려는 계책이었다. 그런데 19대 총선에서 새누리당은 예상을 뒤엎고
근소하게 과반을 넘기는 성과를 올린다. 이후 국회선진화법과 관련해
새누리당 내부에서 부정적인 목소리가 나오기도 했지만 이를 주도했
던 여당 쇄신파의 계획대로 2012년 5월 2일, 18대 국회 마지막 본회
의에서 표결 처리된다. 아이러니하게도 새누리당이 추진한 국회선진
화법은 몇 년 뒤 자신들의 발을 묶는 자승자박이 되어버렸다.

  2012년 12월 19일, 제18대 대통령 선거에서 새누리당 박근혜 후보
가 당선되면서 정권교체는 이뤄지지 못했다. 일각에서는 '독재자의
딸'이 대통령에 당선된 것을 두고 민주화가 역행했다며 통탄했다. 이를
증명이라도 하듯 대선 과정에 국가정보원이 개입한 것이 아니냐는 의
혹이 사실로 밝혀져 큰 파장을 몰고 왔다. 그뿐 아니라 박근혜 정권은
철도 민영화 문제, 세월호 사고 대처 문제, 비선 실세의 국정 개입 의혹

문제, 국회법 개정안 문제, 국정 역사교과서 문제, 일본군 위안부 협상 문제, 테러방지법 문제 들과 관련해 국민 의견을 수렴하지 않는 '불통 정치' '측근 정치'를 한다며 여론의 도마 위에 오르기도 했다.

2015년 12월에는 박근혜 대통령이 노동개혁법과 테러방지법 등 핵심 법안의 직권상정을 국회의장에게 요구하면서 다시 한 번 파문이 일었다. 국회선진화법에 따라 의장 직권상정을 제한한 것은 날치기 입법을 방지하기 위한 제도적 장치였다. 따라서 이는 힘을 앞세운 다수당의 논리로 법안을 통과시키지 말아야 한다는 합의를 대통령이 나서서 깨뜨려달라고 요구한 것이나 마찬가지였다. 대통령만이 아니라 새누리당 안에서도 국회선진화법을 개정하자는 목소리가 힘을 얻었다. 날치기 입법이 부활의 날갯짓을 시작한 것이다.

그리고 결국 2016년 2월 23일, 정의화 국회의장은 지금 시점이 '국가 비상사태'라 판단된다면서 테러방지법을 직권상정했다. 국회선진화법에 규정된 "전시·사변 또는 이에 준하는 국가비상사태"라는 법문을 편법 적용한 것으로, 입법부의 장인 국회의장이 대통령의 압력에 굴복했다는 비난을 피할 수 없게 되었다. 정부와 여당이 상정한 테러방지법을 놓고 야당은 국민의 기본권을 침해하는 위헌적이고 반인권적인 법안이라 규정하고 2월 23일부터 3월 2일까지 국회 본회의에서 릴레이 무제한 토론(필리버스터Filibuster)에 돌입하지만, 법안 통과를 저지하기 위한 노력은 실패로 끝난다. 그리고 3월 2일, 야당 의원들이 퇴장한 가운데 새누리당은 본회의에서 테러방지법을 단독으로 처리한다. 시대가 변했음에도 국회 풍경은 예나 지금이나 크게 달라지지 않은 것이다.

14장

끊임없이 반복되는 '예산 전쟁'과 정치의 역할

한국 최초의 필리버스터

2016년 2월, 박근혜 정권과 새누리당은 줄곧 주창해온 테러방지법 표결을 강행하겠다는 의지를 피력하며 파란을 예고했다. 이후 야당의 수순은 본회의 실력 저지나 보이콧, 장외 투쟁 정도일 거라 예상되었다. 그런데 생소한 풍경이 펼쳐졌다. 38명의 국회의원이 장장 192시간 27분에 걸쳐 필리버스터(무제한 토론)를 이어가는 것으로 맞대응했기 때문이다. 비록 테러방지법 표결을 막아내는 데는 실패했지만, 47년 만에 국회에서 재현된 필리버스터에 많은 시민들이 관심을 보였고 열광했다. 이번 필리버스터 정국에서 1964년 4월 20일 김대중 전 대통령이 김준연 의원 체포동의안을 막아내기 위해 발언한 5시간 19분 기록이 재조명되기도 했다. 그렇지만 김대중 전 대통령이 한국의 필리버스터 '원조'는 아니다. 그 기록이 명확히 남아 있지 않은데다 필리버스터라는 개념이 소개된 시점에 따라 달라질 수도 있지만, 한국 정치사에서 가장 먼저 필리버스터를 한 사람은 자유당에서 민주당으로 적을 옮긴 제3대 국회의원 유옥우였다. 1956년 8월 1일, 야당의 반대에도 자유당 의원들이 추경 예산안을 기습 상정하자 유옥우 의원은 무려 3시간 동안이나 발언하며 자유당 의원들의 기를 꺾었고, 본회의가 정원 부족으로 산회하면서 추경 예산안 표결을 잠시 유예시키는

데 성공했다.[27]

　그런데 유옥우 의원은 왜 추경 예산안 표결을 막아내려 필리버스터를 한 것일까? "예산안을 볼모로 야당이 정치 투쟁에 나선다"라는 비판은 매년 연말이 되면 정치권 뉴스에 자주 오르내리는 말이다. 예산안은 정부와 여당에게 매우 중요한 정치 도구이기에 이를 둘러싸고 매년 잡음이 나는 것이다. 유옥우 의원이 나선 것도 바로 이러한 점 때문이었다. 예산안 통과를 막아 이승만 정권과 자유당의 폭주를 견제했던 것이다. 당시 이승만 정권은 지방선거를 앞두고 노골적으로 선거에 개입해 야당 인사들의 입후보를 원천 차단하는 막장 행각을 일삼았다. 이에 분개한 야당은 정부의 선거 개입을 비판하고 지방선거 입후보 기간을 연장해달라는 법안을 제출한다. 수적으로 우세한 자유당이 이를 묵살해버리자 야당 의원들이 예산안 통과 저지를 무기 삼아 이승만 정권과 자유당에 저항한 것이다.

　유옥우 의원의 필리버스터 사건은 이후 한국 정치사에 여러 번 반복되는 '예산 전쟁'의 서막에 불과했다. 수적 우위를 앞세워 여당이 날치기를 강행하면 야당은 예산안 표결 거부를 보루 삼아 맞서고, 그래도 여당이 법안을 밀어붙이면 야당은 장외 투쟁을 선언하며 본회의를 보이콧하는 것이 이른바 '통과 의례'처럼 반복되어왔다. 예산안 통과를 막아 정부를 압박하겠다는 제스처였던 것이다. 이는 정부를 상대로 한 일종의 치킨게임으로 전통적으로 입법부의 힘이 약한 한국 정치판에서, 거기에 여대야소 국면이 장기간 지속되었던 형국에서 야당이 사용할 수 있는 얼마 안 되는 유효한 무기였다.

매년 반복되는 예산 전쟁

물론 예산안의 내용이 문제가 되어 여야가 극렬하게 충돌한 적도 많다. 대표 사례가 1958년의 예산안 파동이다. 1958년 5월 2일 치러진 제5대 국회의원 선거는 총체적 부정선거의 향연이었다. 당시 자유당은 막대한 정치자금을 바탕으로 관제선거를 이끌었다. 민주당은 이에 격분해 국정감사에서 정치자금의 출처를 밝혀낸다. 자유당 정권이 산업은행을 통해 기업에 자금을 융자해주고, 그 자금의 20퍼센트를 일종의 커미션으로 헌납하도록 강요한 것이다. 산업은행이 기업들에 융자한 산업금융채권은 무려 80억 환에 달했다. 20퍼센트면 16억 환인데, 당시 쌀 한 가마니 값이 2만 5000~3만 환 사이였으니 지금으로 따지면 100억 원 가까운 돈이 자유당으로 흘러들어간 셈이다. 민주당은 산업은행 사건의 진상조사를 추진했지만, 자유당이 이를 노골적으로 방해하면서 국회 분위기는 험악해졌다. 심지어 이승만 정권은 추경 예산안에 산업은행의 채권 발행을 위한 자금 증자안을 포함시켜 국비로 융자분을 메우려 했다. 이를 두고 야당이 반발하자 자유당은 예산결산위원회에서 추경 예산안을 날치기로 통과시킨다. 이에 역도 선수 출신으로 기골이 장대해 야당의 대표 싸움꾼(?)으로 유명했던 민주당 이철승 의원이 날치기에 항의해 책 보따리를 던졌는데, 이를 시작으로 여야 의원들이 주거니 받거니 물건을 집어던지는 난장판이 펼쳐졌다. 심지어 한 민주당 의원이 자유당 의석으로 주전자를 던졌는데 엉뚱하게 무소속 의원이 맞아 다치는 촌극이 벌어지기도 했다.

1994년 12월 2일 일어난 민주자유당의 예산안 날치기도 이와 비슷한 사례다. 1994년 10월, 검찰은 12·12사태에 대한 수사 결과를 발표하면서 "성공한 쿠데타는 처벌할 수 없다"라는 논리를 내세워 기소 유예 처분을 한다. 민주당은 이에 항의해 장외 투쟁에 나섰는데, 민주당의 장외 투쟁이 무색하게 김영삼 정권과 민자당은 공격적인 대야 정책을 펼친다. 세계화를 명분으로 WTO비준동의안 처리를 강행해 민주당에 전술적 혼란을 안기고 내부 분열을 유도한 것이다. 이에 민주당은 예산안 심의 거부를 선언하고 본회의장 점거 농성에 나선다. 그러자 민자당은 본회의장 3층에 자당 의원인 이춘구 부의장을 입장시켜 본회의를 '고공 진행'하는 기상천외한 방법으로 민주당을 당황시켰다. 본회의장 1층만 점거하고 있던 민주당 의원들은 부의장이 갑자기 3층에서 나타나 예산안을 직권상정하리라고는 상상조차 못했던 것이다.

이처럼 야당은 반대하고 여당은 예산안 법정시한 준수를 내세우며 표결을 강행하는 경우가 최근까지 빈번하게 일어났다. 예산 전쟁은 노무현 정권 이후부터 점차 연례행사가 되었는데, 2004년 예산안의 경우에는 대통령 측근 비리를 둘러싼 특검 문제로 정쟁이 심화되면서 회계연도 직전인 12월 30일에야 겨우 통과되었고, 이듬해인 2005년부터 2007년까지는 예산 심의가 지연되면서 통과가 늦어졌다.[28]

심지어 이명박 정권 임기였던 2008년부터 2011년까지는 여당이 4년 연속 예산안을 날치기 처리해 국민적 지탄을 받았다. 이명박 정권이 날치기를 해서라도 예산안 통과시킨 데는 법인세 인하, 4대강 사업, 복지 지출 삭감 같은 예산안을 둘러싼 논쟁을 애초에 차단하려는 의도가 반영되어 있었다. 보통 예산안이 날치기로 처리되는 과정에서

2010년 12월 9일, 서울광장에서 한나라당의 새해 예산안 강행 처리를 규탄하는 민주당 의원들.

여당은 정부를 견제하는 역할이 아니라 정권의 행동대장 역할을 맡곤 한다. 본래 입법부의 예산심의권은 삼권분립 원칙에 따라 행정부의 예산편성권을 견제하기 위해 존재한다. 다시 말해 예산안 날치기는 다음 해 예산이 적절하게 편성되었느냐의 문제를 외면하고 국회가 가진 예산심의권의 위상을 축소시키는 행위나 다름없다. 삼권분립의 원칙을 근본적으로 훼손하는 것이다.

결국, 정치밖에 없다

매년 반복되는 예산안 싸움을 두고 야당이 예산안을 볼모로 정치 투쟁에 나선다며 일방적으로 비난할 수는 없다. 독재 정권 시기부터 계속되는 '강한 정부 vs 약한 의회' 구도를 어떻게 극복할 것인지에 대한 고민이 더 우선되어야 한다. 이승만의 권력욕으로 대통령중심제가 관철된 제헌의회에서부터 박정희와 전두환의 철권통치 시기를 거치면서 대통령의 권한과 권력은 점점 견고해졌다. 여당은 대통령의 '하수인'이라는 오명을 뒤집어쓰고 국회를 장악했고, 야당은 그 공세를 막아내는 데 모든 에너지를 쏟아야 했다. 이처럼 제도정치가 무력화된 상황에서 시민들은 '거리의 정치'를 통해 대통령 직선제를 쟁취했지만, 그럼에도 한국의 대통령제는 일종의 '절대반지'로서 기능했다. 한국의 정치 세력들은 대통령을 견제하기 위해 의회의 힘을 강화하기보다 '절대반지'를 쥐는 데만 혈안이 되어 이합집산하기 일쑤였다. 당연히 의회정치의 핵심인 민주적 합의와 공론 형성은 뒷전으로 밀릴 수밖에 없었다.

'약한 의회'가 지속된다면 결코 정부가 주도하는 날치기는 막을 수 없다. 국회선진화법이 도입되면서 일각에서는 날치기의 시대는 끝났다고 이야기했지만, 2016년 박근혜 정권이 '국가 비상사태'를 자신들에게 유리한 형태로 해석해 테러방지법 표결을 강행하면서 날치기라는 '망령'은 또다시 고개를 들기 시작했다. 여당의 날치기가 지속되는 한 야당은 예산안 저지를 무기로 또다시 치킨게임에 나설 것이다. 정부를 견제할 마땅한 수단이 없기 때문이다.

2016년 2월 펼쳐진 테러방지법 반대 필리버스터에 참여한 야당 의원 38명 가운데는 더불어민주당 강기정 의원도 포함되어 있다. 강기정 의원은 국회 내 폭력사태에 연루되어 두 차례나 벌금형을 받은 전력이 있어 제20대 국회의원 선거 공천에서는 배제되었다. 그는 '폭력의원'의 대명사였다. 강기정 의원은 필리버스터 중에 의원 생활을 돌아보며 "마음이 울컥했다. 나에게는 '폭력의원 강기정'이 아닌 어떤 주제를 가지고 두세 시간 토론할 수 있는 기회가 보장되지 않았다"라고 발언하고는 눈물을 보였다. 또 "무제한 토론이 있었다면 17대, 18 대 국회에서 그런 무지막지한 폭력은 없었을 것"이고 "합리적 토론이 가능했다면 필리버스터를 하기보다 정말 내실 있는 토론을 많이 했을 것"이라며 안타까워했다.

'기습 날치기' '국회 폭력사태' '예산안 인질극'처럼 의회정치를 보도하는 언론의 수사는 자극적인 문구로 가득하다. 언론의 표현은 대중에게 확대 재생산되면서 정치는 비웃음과 조롱의 대상으로 전락했다. 많은 사람들이 '싸움만 하는 국회' '더러운 국회'라고 욕하는가 하면, "하는 일도 없는 국회를 해산시켜야 한다"고 열변을 토한다. 그러나 도대체 왜 국회에서 싸움이 일어나는지, 왜 폭력을 불사한 대치가 벌어지는지 관심을 두는 사람은 많지 않다. 그리고 권력은 대중의 무관심을 이용해 때로는 폭력으로, 때로는 날치기로 자기 이익을 챙긴다. 그 이익은 누군가를 억압하거나 착취하거나 희생시킴으로써 발생하는 것이다. 억압과 착취와 희생을 막기 위해서는 결국 바른 정치를 통해 권력을 통제하는 수밖에 없다.

정치에 대한 비난과 냉소는 권력의 횡포를 막는 데 아무런 도움이 되지 않는다. 정치에 대한 더 많은 관심, 그리고 그 구조를 바꾸고자 하는 적극적인 실천이 이제는 절실하다.

주

1 신우철, 〈헌정사연구(秒)-건국헌법에서 현행헌법까지〉, 《영남법학》 제9권 1호, 2003, 23쪽.

2 위의 글, 35쪽.

3 "제헌헌법 18조 '이익균점권' 아시나요", 〈서울신문〉 2011. 2. 16, 23면.

4 신우철, 앞의 글, 23쪽 재인용.

5 "숨가쁜 昨日下午國會, 贊否兩論 最終論戰", 〈동아일보〉, 1954. 11. 28, 1면.

6 "자유당 이재학 원내총무 담화문", 〈경향신문〉, 1954. 11. 30, 1면.

7 변동명, 〈제1공화국 초기의 국가보안법 제정과 개정〉, 《민주주의와 인권》 7(1), 2007, 85~121쪽.

8 오동석, 〈분단체제와 국가보안법〉, 《황해문화》, 2015, 180~196쪽.

9 Paula Hancocks, "South Korean 'joke' may lead to prison", CNN, 2012. 7. 4.

10 "르몽드 '한국 정부, 국보법으로 좌파 압박 강화'", 〈연합뉴스〉, 2012. 2. 22.

11 여경수, 〈'국가보위에 관한 특별조치법'에 관한 헌법재판소 결정 분석〉, 《靈山法律論叢》 제12권 제1호, 2015.

12 "박 대통령, 국가보위특보법안 회기 내 통과를 촉구", 〈매일경제〉, 1971. 12. 23, 1면.

13 "불법저항 명예직도 민주화관련자 인정", 〈연합뉴스〉, 2004. 3. 28.

14 광주중앙여고 교사였던 양성우는 1975년 〈겨울공화국〉을 낭독한 뒤 교사직에서 파면당한다. 이후 〈노예수첩〉이라는 시를 썼다가 중앙정보부로 끌려가 폭

행당하고, 긴급조치 9호 위반으로 5년간 복역한다. '겨울 공화국'이란 말은 유신체제를 비유하는 단어로 널리 사용되었다.

15 김현우, 〈한국국회론〉, 《한국학술정보》, 2010, 155쪽.

16 강준만, 《한국 현대사 산책 1980년대편2: 광주학살과 서울올림픽》, 인물과사상사, 2003, 11쪽.

17 정상호, 〈1987년 대선과 후보 단일화 논쟁의 비판적 재평가〉, 《역사비평》 2012년 봄호, 176쪽.

18 호광석, 〈국회의원선거제도와 정당체계 변화〉, 《사회과학연구12(2)》, 2006, 59쪽.

19 "'KBS 사태' 서울시민 여론조사", 〈한겨레〉, 1990. 5. 5, 23면.

20 "의장-부의장 양동 작전, 눈 깜짝할 새 '뚝뚝' 처리", 〈동아일보〉, 1990. 7. 14, 3면.

21 〈한겨레〉, 1997. 1. 10.

22 이수진·이철, 〈96~97년 노동자 총파업에 대한 사회운동론적 분석〉, 《한국사회 제8집》 2호, 2007, 122쪽.

23 조용환, 〈민주주의와 정보수사기관의 통제〉, 《동향과 전망》, 1997, 161쪽.

24 "정부조직 개편 46억만 날렸다", 〈동아일보〉, 1999. 3. 23, 1면.

25 임화성, "사립학교법 개정, 참여정부의 의지가 열쇠", 〈월간 말〉, 2003, 210쪽.

26 김종서, "사립학교법의 개정으로 본 사학정책의 변화", 〈교육비평〉 31호, 2013, 86~109쪽.

27 "의정 단상 최대의 기염 유옥우 의원, 삼시간에 걸친 지연작전", 〈동아일보〉, 1956. 8. 3, 3면.

28 이정희, 〈대통령제하의 예산전쟁budget battle의 갈등양상 연구〉, 《정책분석평가학회보》 제22권 제1호, 2012, 177쪽.

경향신문

24쪽, 27쪽, 71쪽, 73쪽, 95쪽, 99쪽

공공누리 제1 유형의 공공저작물

83쪽, 119쪽, 124쪽

국가기록원

41쪽, 56쪽

민주화운동기념사업회

121쪽, 130쪽, 135쪽, 146쪽, 155쪽

연합뉴스

162쪽, 167쪽, 176쪽, 184쪽, 196쪽, 207쪽, 210쪽, 221쪽, 226쪽, 235쪽

날치기 국회사

1판 1쇄 찍음 2016년 3월 25일
1판 1쇄 펴냄 2016년 4월 10일

지은이 김예찬
펴낸이 천경호
디자인 오필민 디자인
종이 월드페이퍼
제작 (주)아트인
펴낸곳 루아크
출판등록 2015년 11월 10일 제409-2015-000020호
주소 10083 경기도 김포시 김포한강2로 208, 410-1301
전화 031-998-6872
팩스 031-5171-3557
이메일 ckh1196@hanmail.net

ISBN 979-11-957139-0-5 03300